普通高等学校少数民族预科教育系列教材

思想政治教育（修订版）

主　编　樊常宝

副主编　邓家芳

北京理工大学出版社
BEIJING INSTITUTE OF TECHNOLOGY PRESS

内 容 简 介

本教材充分考虑了少数民族预科学生的实际情况，针对预科阶段的教学特点，参考中学的政治课教材和普通高等学校本科阶段思政课中的《思想道德修养与法律基础》的内容以及由教育部普通高等学校少数民族预科教材委员会编写的《大学预科生入学教育》的内容，并结合从事民族预科思想政治教育一线教师多年研究总结的理论和经验编写出来的。在编写过程中，我们尽量使教材具有鲜明的针对性、时代性、思想性、知识性和科学性，把学术界对相关理论的最新研究成果体现在教材中；同时，力求做到难易适度、由浅入深、梯度推进、逐步提高，使民族预科生通过一年的学习，掌握相关的思想品德理论，提高思想道德修养和民族理论水平，成为思想进步、能力较高的合格的大学新生。

图书在版编目（CIP）数据

思想政治教育 / 樊常宝主编. -- 修订版. -- 北京 ：北京理工大学出版社，2024. 8.
ISBN 978-7-5763-4445-5

Ⅰ. G641

中国国家版本馆 CIP 数据核字第 2024F66T79 号

责任编辑：王俊洁　　　文案编辑：王俊洁
责任校对：刘亚男　　　责任印制：李志强

出版发行 / 北京理工大学出版社有限责任公司
社　　　址 / 北京市丰台区四合庄路 6 号
邮　　　编 / 100070
电　　　话 / （010）68914026（教材售后服务热线）
　　　　　　（010）68944437（课件资源服务热线）
网　　　址 / http://www.bitpress.com.cn

版 印 次 / 2024 年 8 月第 1 版第 1 次印刷
印　　刷 / 北京广达印刷有限公司
开　　本 / 787 mm×1092 mm　1/16
印　　张 / 8
字　　数 / 183 千字
定　　价 / 24.50 元

　　根据教育部 2010 年 7 月制定的《普通高等学校少数民族预科班、高层次骨干人才硕士研究生基础强化班管理办法》第 3 章第 16 条的规定：培养学校应加强对学生进行政治思想教育、民族团结教育、思想品德教育、法律法规教育，以及第 19 条的规定：预科班应遵循"突出重点、加强基础、兼顾专业"的原则开设大学语文、数学、英语、计算机和思想政治教育课程的要求，我们编写了《思想政治教育》这本教材。这本教材的使用对象为普通高等学校少数民族一年制预科生。

　　本教材充分考虑了少数民族预科生的实际情况，针对预科阶段的教学特点来编写。在考虑中学思想政治教育的基础上，把本科阶段的《思想道德修养与法律基础》的部分内容和《大学生心理健康教育》的部分内容引入教材。在编写过程中，我们尽量使教材具有鲜明的针对性、时代性、思想性、知识性和科学性，把学术界相关理论的最新研究成果体现在教材中。同时，力求做到难易适度、由浅入深、梯度推进、逐步提高。使民族预科生通过半年的学习，掌握相关的思想道德、心理健康的知识，提高民族预科生的思想道德修养、心理健康理论水平，为本科输送思想进步、能力提高的合格新生。

　　本教材除绪论外，包含五章内容，第一章：适应大学预科环境；第二章：我国高等教育与大学预科；第三章：大学生的心理健康；第四章：学会人际交往；第五章：坚定信念，做忠诚的爱国主义者。

　　本教材的第一、二、三、四章由樊常宝老师编写，第五章由邓家芳老师编写，全书由樊常宝老师负责统稿。

　　由于时间仓促、水平有限，教材中难免有疏漏或不足之处，希望各位同行多加指教，提出宝贵意见，以待今后进一步修改。

广西民族大学预科教育学院政治历史教研室

2024 年 6 月

目 录

一、思想政治教育的性质

2005 年教育部制定的《普通高等学校少数民族预科班、民族班管理办法（试行）》规定："民族预科班是指对当年参加普通高等学校招生全国统一考试、适当降分、择优录取的少数民族学生，实施高等学校本、专科（高职）预备性教育的一种办学形式。根据本、专科（高职）培养目标的要求，加强学生的道德素质教育，强化学生的文化基础知识和基本技能，使学生在德、智、体、美等方面得到进一步发展，为进入本、专科（高职）学习打下良好基础。"民族预科教育的课程设置，按照"突出重点、加强基础、兼顾专业"的原则，开设汉语文、数学、外语、计算机和思想政治教育课程。根据文、理科学科特点，也可以开设必要的专业基础知识讲座。思想政治教育课程是民族预科生的一门必修课。

从一般意义上讲，思想政治教育就其性质来说，是一定的阶级或政治集团，为实现一定的政治目的，有目的地对人们施加意识形态的影响，以期转变人们的思想，塑造人们的品德，进而指导人们行为的社会实践活动。它受社会经济、政治、文化的制约和影响，包括思想教育、政治教育、道德教育和心理教育四个方面。其中，思想教育是对教育对象进行思想理论教育，培养人的思想意识、思想作风和思想方法，帮助人们形成和确立正确的世界观、人生观和价值观；政治教育是对教育对象进行政治方向、政治意识、政治原则、政治信仰的教育，坚定人们的政治立场，培养人们的政治态度和政治品质；道德教育是对教育对象进行道德认识、道德情感、道德信念的教育，促使个人形成稳固的道德品性特征，养成良好的道德行为和习惯；心理教育是对教育对象进行群体、个体心理教育，使人们形成良好的心理品质，提高心理承受和调适能力。思想教育、政治教育、道德教育和心理教育四个方面相互联结、相互作用，共处于思想政治教育的统一体中。其中，思想教育是先导，政治教育是核心，道德教育是重点，心理教育是延伸。但是，对不同的教育对象，思想政治教育的侧重点应有所不同。民族预科生的思想政治教育主要是指根据民族预科学生的特点，综合运用相关的学科知识，教育和引导学生树立科学的世界观、人生观、价值观、民族观、国家观，提高学生的思想政治素质。

二、思想政治教育的特点

思想政治教育的基本特点是由思想政治教育的对象、性质、工作方式、条件因素所决定的，具有相对稳定性，是思想政治教育本质的具体反映。思想政治教育的基本特点和思想政治教育学的基本特点（学科属性）是不同的，思想政治教育的基本特点有政治性、思想性、科学性、教育性、实践性和综合性。

（一）政治性

政治性是思想政治教育的社会关系体现和价值取向，是它的本质特性。从根本意义上讲，政治性体现了阶级性，是社会利益关系的体现，思想政治教育是阶级利益的反映。所以，政治性的另一种说法是阶级性，具体地说，思想政治教育总是以一定的阶级关系为依托的，总是以一定阶级的思想理论为指导的，总是为一定的阶级利益服务的。思想政治教育的政治性还说明它属于政治的范畴，是实现政治任务的重要手段。从广义上说，思想政治教育是由政治组织所规定和运用，并为实现政治任务服务的。党的思想政治教育，就是在党的领导下，直接为党的事业服务的。

（二）思想性

思想政治教育是思想领域的一项社会实践活动，我们常常称思想政治教育是党的思想战线的工作，就是从这一意义上来说的。思想性的特点还表明思想政治教育是一种思想转化的工作，属于精神劳动。无论是思想政治教育者，还是教育对象，无论是教育手段，还是思想政治教育目标，都具有精神或观念特征。所以，思想政治教育不仅不同于物质劳动，而且不同于学术研究，是一种特殊的思想交流活动，由此形成了思想政治教育的独特形态。因此，思想政治教育的实践性，即指它是一种从事精神生产的实践活动。

（三）科学性

在思想政治教育的过程中，要坚持用科学的世界观、方法论武装群众，帮助人们在自己的实践和探索中掌握真理，自觉地认识自己的根本利益，提高认识世界和改造世界的能力，推动社会进步和人的发展。当代思想政治教育学以对整个自然界和人类社会发展的客观规律的科学认识为自己全部理论的基础，以马克思主义的世界观和方法论为指导，又站在人类创造的全部知识基础之上。思想政治教育学在为无产阶级革命和建设事业服务的同时，也推动着人类社会的进步和自身的解放。任何一种思想政治教育的理论，如果没有站在人类所创造的全部知识基础之上，没有与全人类的根本利益保持一致，它只能是一种狭隘的理论，也无法真正代表进步阶级的利益。因此，马克思主义思想政治教育学主张时代性与科学性的统一、党性与真理性的统一。

（四）教育性

教育性指的是思想政治教育的一种职能，即教育的职能，这一职能区别于其他社会机构或社会工作的职能，具有育人性，这是它特有的职能，是社会设置专门机构的原因所在。其他社会机构也有教育性，但不是一种专有的职能，不是专业性的职能。思想政治教育的教育性与教育的教育性有相似性，但又有其特殊性，是思想政治教育的政治教育和思想道德教育的综合体现。教育性还指它的内容、目的、目标、功能、形式、方式方法、环境等具有教育性特点，没有教育性特点和育人效果的活动不属于思想政治教育的范畴。

（五）实践性

思想政治教育的实践性，强调它是人的思想之间的实实在在的交流，是一种现实的社会活动。思想政治教育不是物质劳动，属于精神劳动，是一种思想转化的工作。具体来说有以下几点：

1. 现实性

思想政治教育主要应利用现实条件，为现实的政治任务、经济任务以及其他任务服务。

2. 针对性

它要求思想政治教育应随着实践的发展而发展，具有很强的针对性。它要求思想政治教育针对实际思想开展工作，有针对性地解决思想问题。

3. 功利性

思想政治教育的效果要能够得到现实的体现，获得实践的检验。

思想政治教育者要有工作经验，具有解决实际问题的能力。

（六）综合性

思想政治教育是一个相当复杂的系统工程，涉及方方面面。思想政治教育学要研究人的思想活动规律以及实施思想政治教育的规律，而人的思想不仅是潜在的，而且是随着客观外界环境的变化而不断变化的，一种思想政治观点的形成，往往是多种因素综合作用的结果。要把握思想政治教育学研究对象的本质和规律性，必须从多层次、多侧面、多角度综合研究才有可能。因此，思想政治教育学必然要汲取许多学科的营养，它的理论知识体系是综合的，是借助于马克思主义哲学、教育学、政治学、心理学、伦理学、社会学、管理学等许多学科的理论知识而形成和发展起来的，其涉及面之广，超过其他许多学科。思想政治教育学要根据自己的研究对象，借鉴其他学科的科学成果，研究本学科的原理和规律，形成自己学科相对独立的体系。思想政治教育学的综合性特点，并不影响思想政治教育学作为一门独立的学科。

三、思想政治教育的内容

（一）适应教育

适应教育是民族预科学生思想品德教育的一个内容。民族预科学生进入大学预科学习后，与高中相比，环境发生了变化，不论是生活环境、人际环境还是管理环境，都发生了变化，很多学生面对突然改变的环境，存在不适应感，这会在学习上、心理上对他们造成一定的影响。因此，为了使民族预科学生适应新的环境，尽快把精力投入学习中去，有必要对学生进行适应教育。教育内容包括给学生介绍学校的情况、校园环境、学生管理的相关规定、大学预科与中学的不同之处，教育学生学会自我保护和自我管理。在此基础上，帮助学生树立职业生涯规划意识并教会学生掌握一定职业生涯规划的基本知识。

（二）心理健康教育

心理健康教育是民族预科学生思想品德教育的一个重要内容，民族预科学生进入预科学习以后，有许多因素导致学生产生心理问题，如环境的不适应产生的心理问题、人际关系不适应产生的心理问题、因贫困产生的心理问题、因激烈的竞争产生的心理问题、因预科身份产生的心理问题，等等。这些心理问题如果得不到尽快解决，势必影响预科学生的学习和生活。比如，很多学生因为预科身份而产生自卑心理，他们认为，与那些从高中直接考入本科的高中同学相比，自己因高考失利，被降分录取到预科，觉得低人一等，无颜见"江东父老"，从而产生比较严重的自卑心理。因此，在对预科学生进行思想品德教育时，非常有必要开展心理健康教育，使学生尽早克服这些不良心理，以愉快的心情投入学习和工作中去。

（三）人际交往及礼仪教育

人的生活离不开与别人交往，人的一生其实就是与别人交往的一生。当然，人生的不同阶段，人际交往的要求有所不同，而礼仪教育有助于人际交往，对实现人际顺利交往有正向的作用。民族预科学生读预科后的人际关系比高中时代要复杂，这是因为高中时代目标单一，就是要考上大学，其他问题暂时不用考虑，因此人际关系比较简单。上了预科以后，人际交往对象的扩大、专业尚未确定等因素造成同学之间学业竞争异常激烈，未来就业的不确定、恋爱等问题使预科学生思想开始复杂起来，如果不能及时教育加以引导，势必影响他们的人际关系，因此，对民族预科学生进行人际交往及礼仪教育是十分必要的。

（四）爱国主义教育

爱国主义教育是思想政治教育的重要组成部分。所谓爱国主义，是指千百年来人们对自己的祖国形成的一种极其深厚的感情，是一个国家民族意识和人民觉悟的集中反映，是一种巨大的精神力量。中华民族是一个具有爱国主义光荣传统的伟大民族，古往今来，爱国主义精神激励着人们团结奋斗，维系了我们民族的生存、发展与强大。少数民族预科生来自民族地区，是今后推动我国民族地区各项事业发展的重要力量，也是维护民族地区民族团结与社会稳定、实现边疆地区长治久安的重要力量，因此，民族预科学生政治素质如何，关系到民族地区各项事业的发展，对民族预科学生进行爱国主义教育，培养其爱国主义思想感情，提高其爱国主义觉悟，具有十分重要的战略意义。

四、学习本课程的意义

（一）提高民族预科学生的适应能力，使他们养成良好的习惯

民族预科学生开始读预科以后，面对新的环境，存在许多不适应。通过本课程的讲授，使民族预科学生了解中学与预科的异同点，使民族预科学生明白预科阶段的学习内容、要求和方法，提高学生自我学习、自我管理、自我保护、自我监督的能力，使学生尽快适应新的学习环境，逐步养成适应预科阶段学习、生活、工作的良好习惯。

（二）提高民族预科学生的人际交往能力和心理健康水平

民族预科学生来自老、少、边、山、穷地区，加上高中阶段忙于学习，人际交往比较狭窄和单一，因此处理人际关系的能力相对较弱，甚至会把一些不良的人际交往习惯带到预科学习生活中，同时，由于种种原因，民族预科学生可能会产生许多新的心理压力和心理问题。通过本课程讲授，比较系统地给学生讲解人际交往的知识，特别是现代礼仪的知识，使学生了解和掌握人际交往的一些技巧，端正自己的交往态度，规范自己的交往行为，从而提

高他们的交往能力。同时，通过给学生讲授有关心理健康的知识，使学生懂得有关心理健康的知识和如何保持心理健康的一些方法，纠正学生的一些错误认识，减轻学生的心理压力，使学生以愉快的心情投入学习和生活中去。

（三）提高民族预科学生的爱国热情

爱国主义教育是民族预科思想政治教育的一个重要内容。通过本课程教育，使民族预科学生了解爱国主义的相关知识，特别是要让学生明白我国的历史就是一部爱国主义的历史，今天我国取得的建设成就，就是全国各族人民团结一致、发扬爱国主义精神的结果。同时，教育学生在当前改革开放的形势下，爱国主义有哪些具体的要求，大学生如何理性爱国等知识，这不仅使学生了解我国的爱国历史，提高他们的爱国热情，使学生懂得在当前形势下，作为一名大学预科学生如何爱国、怎样爱国，而且对于激发他们努力学习，掌握建设祖国的更多本领，将来为建设祖国、建设家乡多做贡献具有十分重要的意义。

思考题

1. "思想政治教育"课程是什么性质的课程？它有什么特点？
2. 学习"思想政治教育"课程有什么意义？

第一章

适应大学预科环境

作为大学预科新生，当同学们来到大学时，面对着许多与中学不一样的新环境，如生活新环境、学习新环境、人际关系新环境、管理新环境等，这对于大学预科新生来说，都是新奇和陌生的。因此，尽快适应大学生活，顺利完成从高中到大学的过渡，就成为大学预科新生来到大学后的首要任务。

第一节　适应大学预科的生活环境，学会自我保护

环境对人的心理具有重要影响。人的一生中，适应无所不在，因为我们总要面对无数的变化，也正是在对变化的适应中，我们才能不断进步。从高中生到大学生的转变中，会面临许多新的环境，而生活环境是大学预科新生首先面对的新环境。

一、适应生活环境

（一）大学预科与中学在生活环境方面存在的差异

虽然预科不是本科，但也不是中学，更不是中学的补习班，因为预科学生（以下简称预科生）是经过高考录取后进入大学的本科预备生，学习和生活的地方都在大学校园里，因此，预科生与中学生在生活环境方面是存在一些差异的，主要表现在以下几点：

1. 生活环境的改变

预科生是在大学里学习和生活的，大学的生活环境与他们原来所在的中学生活环境是有差异的，如地理方位、校园及周边的环境、气候、饮食习惯、作息时间等或多或少都发生了改变，这些都需要预科生尽快地了解和适应。

2. 人际关系的改变

来到大学学习和生活的预科生，远离了原来中学时代所熟悉的老师、同学，需要认识新的老师和同学，预科生的同学来源比中学生的同学来源更加复杂，不仅来自本县，还来自全省（区）甚至全国，各地来的同学，可能不仅语言不同、生活方式不同、饮食习惯各异，在思维习惯、做事的方式、风俗习惯等方面也都存在一定的差异，因此，人际交往比中学复

杂。另外，部分预科学生可能在男女同学恋爱关系方面，以及和本科学生、研究生学生如何相处等方面也存在适应问题。

3. 管理环境的变化

中学时代，学校、老师对学生采取直接管理，事事由老师安排，预科阶段更强调学生的自我管理、自我教育、自我服务，许多活动由学生自己组织。从管理系统上看，中学的管理都是通过班主任实施的，而预科的班级管理虽然设有班主任，但大多活动必须依靠学生自己管理自己。

（二）预科新生如何尽快适应新的生活环境

1. 尽快了解并适应新的生活环境

（1）可以通过辅导员或班主任甚至网络尽快了解校园环境，使自己对新的生活环境有比较全面的了解。

（2）尽快对比新旧环境，分析它们的不同之处，想办法尽快适应新的环境。比如说，针对气候的变化，可以根据新的情况采取相应的对策；针对饮食的变化，可以先保持与中学时相同的食物，然后慢慢尝试新的食物等。

2. 尽快适应新的人际关系

面对陌生的老师和同学，可以通过以下方法，建立新的良好的人际关系：

（1）做到主动与老师、同学交往，这是建立新的人际关系的前提，只有主动与别人交往，才能尽快与别人建立关系。

（2）遵循互相尊重、互相理解、互相帮助的原则与别人交往，取得别人的信任和理解，只有这样，才能与别人建立友好的关系。

（3）掌握一定的人际交往技巧。人际关系比较复杂，也比较敏感，要建立良好的人际关系，就必须掌握一定的人际交往技巧。

3. 尽快适应新的管理环境

在预科阶段，学生自主控制的时间比较多，面对这种新的环境，来到大学读预科的学生必须尽快学会自我管理。

（1）在思想上尽快从中学那种学习上几乎由老师包办的方式向自主规划的方式转变。

（2）根据每天上课的安排，计划自己的学习时间、锻炼时间以及其他活动时间。

（3）适当参加学校的文体活动，丰富自己的业余生活，提高自己各方面的能力。

二、了解和习惯大学公寓生活，搞好宿舍人际关系

学生公寓是集学生休息、生活和活动于一体的重要场所，是学生自己的"家"。良好的寝室人际关系不仅有利于丰富其大学生活，而且有利于促进个体的人格发展与完善。有研究表明，大学生对寝室人际关系的满意度与大学生活的满意度之间的相关性极其显著，不良的寝室人际关系不仅影响到学生的正常学习、生活，而且会给高校校园安全造成隐患。因此，大学预科新生来到大学后，必须了解自己所居住的公寓情况，并初步建立起良好的宿舍人际关系。

（一）了解学生公寓的管理规定

学生宿舍是学生学习、生活的重要场所，也是学校思想政治工作和精神文明建设的一个重要阵地。为了加强对学生宿舍的管理，保证广大学生有良好的学习、生活环境和正常的生活秩序，促进学生德、智、体、美、劳全面发展，各学校对于宿舍管理都有明确的管理条例。大学预科新生来到大学后，为了方便自己今后的生活，同时也为了避免自己在今后的生活中不违反学校公寓的管理规定，有必要了解学校公寓的管理规定，如公寓的作息时间、宿舍的物品管理、宿舍的人员管理等有关规定。

（二）了解宿舍成员

大学一般安排6~8人同住一个宿舍，预科新生来到宿舍后，应通过接触和来往，尽快了解和熟悉舍员的姓名、籍贯、兴趣、爱好、生活习惯等，以便今后更好地交流和相处。

（三）掌握处理宿舍成员关系的方法

由于宿舍成员来自全省乃至全国各地，在性格、生活习惯、价值观念、成长环境、经济状况等方面存在着差异，如果在共同生活中不注意这些差异，就容易导致人际关系的紧张甚至冲突。因此，为了营造一种和谐的宿舍关系，必须学会和掌握处理宿舍成员关系的一些方法。

（1）要端正自己的人生观、价值观，学会宽容理解，学会接受与自己不同的观点。

（2）要养成良好的生活习惯，多从别人的角度考虑，关心体谅同学，最好一个宿舍的人能够形成比较统一的作息习惯。另外，创建宿舍文化，加强归属感。

（3）要注重自我反思，不同性格之间的人要学会换位思考，多发现别人的长处，包容别人的短处。

（4）要学会自我调整，让自己每天都有比较好的心情，避免与别人产生冲突。

宿舍是预科生生活时间最长的地方，宿舍成员之间的关系是预科生人际关系中最直接的形式。舍员之间友好相处，遵守宿舍规范，生活上互相帮助，对预科生全面发展至关重要。

三、学会自我保护

大学预科新生刚来到大学时，人生地不熟，加上在上大学前许多人总认为大学是一个比较安全的地方，因而容易放松警惕，安全意识不强。在这种情况下，大学预科新生的人身财产安全最容易受到侵害。为了尽量避免大学预科新生的人身财产安全受到侵害，大学预科新生应提高警惕，增强防范意识，学会自我保护。

（一）防窃

1. 高校盗窃案件的一般特点

1）从作案人员上看，分为外盗人员和内盗人员

外盗的主体主要为活动在高校周边的吸毒人员或其他无业游民。这些人员因为无正当经济来源，又需解决毒资或其他生活开支，屡次到高校作案。另外，一些进入学生宿舍（公寓）推销或怀有其他目的的外来人员也常常成为外盗的主体。他们往往趁人不备窃取学生财物并迅速逃离。例如，校外吸毒人员程某窜入某高校学生宿舍，以推销化妆品为名溜入宿

舍盗窃被抓获。根据程某交代，其曾多次以此方式在该栋学生宿舍盗窃手机。此外，少数学生因错误的价值观、金钱观也可能成为内盗的主体。

2）从作案手段上看，主要有9种

（1）撬门破锁。此类盗窃分子撬开门锁或其他柜子、箱子后，只要是值钱的东西都盗，以价值高、易于携带的物品为主。偷盗自行车时，常常是直接破锁后迅速逃离现场。在抓获的偷盗犯中人们发现，作案人员随身携带的工具有"十"字改锥、"万能"钥匙等。

（2）溜门行窃。盗窃分子发现房间无人时，迅速溜入室内窃取财物。盛夏时节，一些男生或女生图凉快，午休或夜间睡觉不关门，小偷便趁他人睡着时入室偷窃。有的小偷夜间先偷走钥匙，白天再寻找机会入室偷窃。有些同学上厕所不锁门，小偷利用时间差，快速入室盗窃。

（3）爬窗入室。小偷趁建筑物门窗没有铁栏杆，或窗户未关时，通过阳台、水管翻窗入室进行盗窃。

（4）顺手牵羊。小偷趁主人不备，见财起意，将疏忽看管的财物趁机盗走。

（5）竹竿钩盗。小偷用竹竿将晾在窗外的衣服钩走，有的把纱窗弄开，钩走放在室内桌上、凳上的衣服、挂包、手袋等。此类作案手法主要发生在学生宿舍的一楼、二楼。

（6）浑水摸鱼。窃贼往往在人多手杂、场面较为混乱的时候直接将财物盗走。

（7）骗取信任，伺机盗窃。小偷通过与学生交往认识进入其宿舍，在取得学生信任后，趁学生不注意进行盗窃。例如，某市无业人员胡某到某高校打篮球时认识了一名新生，在取得该新生信任后与其一同回学生宿舍取东西，后趁该同学上厕所之机，迅速将宿舍内其他同学放在桌上充电的手机盗取，而后找借口逃离。

（8）抽芯盗窃。小偷在一叠或多张现金中抽出一张或几张，而不把全部现金偷走。这种作案手法的特点是目标明确，不留痕迹。例如，某高校在查破的一起内盗案件中发现，作案人员王某为了不引起受害人的警觉，作案时只从数张100元钞票中抽出1~2张，至案件被破时，王某采取同样手法已作案十多起。

（9）偷配钥匙预谋行窃。

3）从作案时间上看，主要集中在以下时间

刚开学或放学，宿舍较为混乱时；上课期间，相连几个宿舍没人时；人群拥挤、杂乱时；上体育课或进行体育活动，财物放在一旁疏忽看管时；门窗未关或敞开时；假期室内长期无人时。

4）从作案地点上看，主要集中在以下几个地点

学生宿舍（公寓）；办公（教学）楼；图书馆；体育场所；食堂；自行车、电动车集中存放点。

5）从盗窃财物上看，主要是便于携带的东西

如手机、电脑硬件、笔记本电脑、钱包、银行卡、信用卡等。

2. 大学生防盗窃案件的一般策略

1）宿舍防盗

（1）要养成人走锁好门窗的习惯。最后离开宿舍的同学，一定要将门、窗关好，千万不要怕麻烦，不要因为短暂的离开而不锁门。

（2）不要留宿外来人员。大学生在交往中要注意分寸，不能只讲感情、义气，不讲原则、纪律。如果违反学校学生宿舍管理规定，随便留宿他人，很可能引狼入室，造成宿舍被盗。

（3）警惕陌生或可疑人员。发现形迹可疑的人应加强警惕，多加注意。作案人到宿舍行窃时，往往以找人为借口在楼道溜达，见管理松散、出入自由、房门大开，便来回走动、窥视张望，伺机行窃。遇到这种可疑人员，同学们应主动上前询问。如果来人有正当的理由，一般都能说清楚；如果来人无法说明来意或神色慌张，可一方面与其周旋，另一方面派人与学校保卫部门取得联系，由保卫部门进一步核实其身份。

（4）禁止上门推销。遇到进宿舍推销小商品的人，应马上通知楼内管理人员，将其带出楼外，或直接打电话给学校保卫部门。实践证明，一些推销人员在溜门串户的过程中，一旦发现宿舍无人，便顺手牵羊，盗窃财物。因此，对这些推销人员切不可掉以轻心。

（5）妥善保管现金及贵重物品。宿舍内不要存放大量现金，可以将钱存入银行，即使是少量的生活费，也要随身携带。手机、手提电脑等贵重物品千万不要放在宿舍明处，用完后锁在柜内。有电脑的宿舍最好换上防盗锁，或把电脑存放到学校在学生宿舍（公寓）内提供的寄存处保管。

（6）确保防盗设施完好。宿舍内的防盗设施如果存在问题，如一楼的窗户没有防盗网、走廊内气窗没有防盗栏，应积极向学校反映。门、锁、门窗玻璃损坏要及时请维修人员修复。

（7）保管好自己的钥匙。宿舍、橱柜、抽屉等处的钥匙，不能随便借给他人或乱丢乱放，以防别有用心的人复制。钥匙一旦丢失，必须马上更换门锁，切不可私自借配。

（8）加强安全值班。同学们应积极参加宿舍楼内的安全值班，特别是在上课期间，组织无课的同学在楼内巡视，或在传达室值勤，协助学校保卫部门做好安全防范工作。通过参加值班、巡逻等安全防范工作的实践，不仅可以保护自己和他人的财物安全，而且可以增强安全防范意识，锻炼和增强自己社会实践的能力。

（9）树立集体防范意识。事实证明，室友间的团结友爱、宿舍间的相互照应在一定程度上可预防盗窃犯罪。

2）教室、图书馆内的盗窃案件预防策略

（1）上自习最好结伴而行，尽量避免单独行动。

（2）长时间离开座位时，书包及其他物品一定要随身带走，尤其是现金和贵重物品，千万不要存有侥幸心理。

（3）在属于本班级的固定教室里，离开时最好不要放贵重物品，最后走的同学一定要检查一下门窗是否已关好，将门锁好。教室的钥匙也要严加管理，严防外借和流失。

（4）单独上教室或图书馆，无论是自习还是做实验或上网，最好不要携带大量现金和贵重物品，以免丢失。

3）食堂、运动场所的防盗策略

（1）去食堂就餐或参加体育活动时，若有熟人，可请其代为看管财物，贵重东西要随身携带。

（2）排队买饭时不要将书包或背包背在身后，而应尽量置于身前，以防被身后的不法分子伺机盗窃。

（3）若临时参加体育活动，要将随身携带的财物妥善保管好。

（二）防骗

1. 高校诈骗案的作案手段

1）假冒身份行骗

诈骗分子往往利用假名片、假身份证、假学生证与大学生交往，假冒在校大学生及其亲友、记者、华侨或领导子女等身份，接近大学生，然后以求援或帮助他人解决急需等理由向学生借钱，钱到手后立即逃离。有的骗子甚至到车站冒充接新生的老师，骗取他们的信任之后实施诈骗。例如，某高校大学生王某在回宿舍的路上，被自称南京某高校的两名学生拦住，称其写论文到武汉考察，钱在车上被偷，跟同行的老师失去联系，现在身无分文，向王某借钱打电话，随后又向王某借钱乘飞机返校，称返校后立即还钱并许诺给予一定的报酬。王某信以为真，到银行取出 2 500 元借给骗子。又如，湖北黄梅县无业人员黄某进出某高校新生宿舍，自称为新生的班主任，以收班费为名要求每个学生交纳 200 元的班费，共骗得现金 2 000 元。

2）用假货和假钞行骗

目前，作案人用假货和假钞进行诈骗的手段越来越"高明"，他们已经不像过去那样，一人拿着所谓的"名贵"假货直接来问被害人买不买，而是两人以上共同作案，扮演各种角色引诱被害人介入后，再"灵活机动"地针对不同的"猎物"变换不同的手法行骗：一是邀约被害人一起购买、一起"赚大钱"；二是通过抵押别的假货，向被害人借钱买"名贵"假货；三是制造混乱，以假钞换真钞。

3）编造突发事件行骗

针对被害人的特殊心理编造突发事件，让其在焦急中上当受骗，是诈骗者的又一伎俩。近年来，诈骗者利用同学通讯录上的地址和电话号码，以及在乘车途中了解到的情况，趁学生在回家或返校途中的机会打电话给学生家长，谎称学生突发疾病或出车祸，需要立即汇款给其做手术等进行诈骗。例如，家住农村的某校学生罗某某的父母，在家里接到自称唐老师的电话，称罗某某生病住院，急需交住院费，让罗的父母赶紧给指定的账号汇款。罗某某的父母非常着急，立刻按照电话提供的账号分 2 次共汇款 5 500 元，后发现上当受骗，向公安机关报案。

4）编造虚假中奖信息行骗

作案人的诈骗伎俩变化多端，令人防不胜防。有的以发短信、打电话的方法称机主号码中奖，通知机主先汇款，之后到某地领取奖品，从而对其进行诈骗。有的学生用手机回电话咨询中奖事宜，结果手机费用被扣。例如，某高校学生刘某在网吧上网玩游戏时，收到一条系统消息："恭喜您成为今天的幸运玩家，请及时与 QQ 号为 80691113 的 GM 联系领取奖品"。刘某立即加了名为"盛大客服"的该号为好友。"盛大客服"以收取手续费为名，要刘某将 379 元钱汇往某中国邮政储蓄卡。刘某因沉浸在得奖的兴奋中，只简单用 QQ 与对方验证，当得知奖品为人民币 8 000 元和价值 13 000 元的手提电脑时，更对自己中奖的事实深信不疑，并将钱汇往该账号。当对方确认了刘某所汇出的款项时，进一步要求其再汇 500 元钱用作网络保障并承诺这笔钱将随奖金和奖品返还，刘某虽有些怀疑，但经不住大奖的诱惑，还是找同学借款将钱汇出。当刘某再次询问何时领奖的时候，对方又提出领奖必须加入他们公司的无线上网业务，开通该业务另需交纳 1 200 元费用。至此刘某才意识到上当受骗，愤然报警。

2. 防骗的措施

1）多学习、多观察，多认识社会

通过报纸、电视、广播等媒体，可以了解千变万化的世界；通过学习法律，知道自己有哪些合法权利；通过学校组织的安全防范教育活动，可以了解相关的案例，更多地掌握一些防范知识。这些学习和交流，可丰富大学生对社会的理解和认识，有助于提高大学生分辨是非的能力。

2）慎重交友，不感情用事

结交朋友要择其善者而为之。朋友之间，应志同道合，相互理解和支持，同学之间的交流应是真挚的感情交流，而不是简单、庸俗的利益关系；要严格做到"四戒"，即戒交低级下流之辈，戒交挥金如土之流，戒交吃喝嫖赌之徒，戒交游手好闲之人。与人交往要区别对待，保持应有的理智。对于熟人或朋友介绍的人，要注意观察，学会"听其言，观其色，辨其行"，而不能简单地认为"朋友的朋友就是朋友"；对于初识的朋友，不要轻易"掏心窝子"，更不能言听计从，受其摆布。

3）加强个人修养，克服不良心理

不良心理常常是大学生上当受骗的成因，拥有一个健康而理性的心理是大学生预防诈骗案件的重要手段。要加强个人修养，树立正确的世界观、人生观、价值观。在与同学、老乡、朋友的交往中，要懂得尊重他人，强调自立意识。要拥有爱心，乐于助人，但不被坏人利用；不投机取巧、不贪图便宜，用平常心与人交往，不急功近利，不为虚荣心所驱使。

4）增强自我防范意识

对不熟悉的人不要轻易讲出自己或同学的姓名、家庭住址、电话、社会关系等个人资料。对突然出现的老乡、校友、朋友、老师等，要多想、多问、多核实，做到心中有底，讲究分寸，多留一个心眼。

5）注意与同学和老师相互沟通

班集体是校园中最基本的组织形式，在这个集体中，同学间、师生间的友谊比什么友情都珍贵，彼此间应该加强沟通和帮助。在自己拿不定主意时，最好与同学、老师商议斟酌。不要把个人交往看成是纯粹的个人隐私。有些交往，在合适的范围内适当透露和公开，更符合安全需要，特别是在自己觉得可能会吃亏上当时，与同学、老师沟通，能够及时避免诈骗案件的发生。

6）慎重对待他人的财物要求

人人都需要别人的帮助，同学、老乡、朋友之间有一时急用，相互借钱是正常的，也较为安全。但应当考虑信誉和偿还能力，三思而行。"陌生人之间只存在赠予，不存在借贷"，你可以出于同情而施舍于你不认识的人，却无法在借贷关系中从他那里得到偿还。

（三）防火

高校学生宿舍是学生学习生活的主要场所，人员密集，一旦发生火灾，极易造成财产损失和人员伤亡。

1. 学生宿舍及其他场所发生火灾的原因

（1）违章点蜡烛。如晚上熄灯后在床铺上点蜡烛看书，结果因疲劳睡着了，烛火引燃蚊帐造成火灾。

（2）违章点蚊香。点燃的蚊香温度达 700 ℃ 左右，而布匹的燃点为 200 ℃，纸张燃点为 130 ℃，若这类可燃物品靠近点燃的蚊香，极易引起火灾。

（3）违章吸烟。烟头的表面温度达 200~300 ℃，中心温度达 700~800 ℃，一般可燃物的燃点大都低于烟头表面温度，若点燃的烟头遇到低于烟头温度的可燃物，就能引起火灾。

（4）违章使用灶具。个别大学生图省事、方便，使用煤油炉、酒精炉，并因使用不当引起火灾事故。

（5）违章烧废物。有的大学生在宿舍内烧废纸等物，若靠近蚊帐、衣被等可燃物或火未彻底熄灭，人就离开，火星飞到这些可燃物上，也能引起火灾。

2. 电器火灾

（1）乱拉乱接电线、保险丝或电线老化和接触不良发热易引起火灾。违章乱拉乱接电线，容易损伤线路绝缘层，引起线路短路和触电事故。违章加粗保险丝或使用铜丝、铁丝替代保险丝，会造成线路超负荷，使电路过载发生故障时不能及时熔断而造成电线起火。

（2）使用电器不当。如 60 瓦以上的灯泡靠近纸等可燃物，长时间烘烤易起火；充电器长时间充电，又被衣被覆盖，散热不良，也能引起燃烧；使用电热器无人监管，也易烤燃起火；长时间使用电器不检修，电线绝缘老化，漏电短路易起火等。某学院一名学生早晨在宿舍内用不合格电吹风，忘记关闭电源就去上课，结果发生一起火灾事故。因此，大学生在电器使用完毕或停电时，都必须关断电源。

（3）在宿舍使用大功率电器。高校的建筑物供电线路、供电设备，都是按照实际使用情况设计的，在宿舍内使用大功率电器，如电炉、电饭锅、电吹风、电热得快等，会使供电线路过载发热，加速线路老化而起火。

3. 学生宿舍防火措施

（1）学生应自觉遵守宿舍安全管理规定，不躺在床上吸烟，不乱扔烟头。人在疲乏时，躺在床上很容易入睡，烟头掉在被褥上，或者扔在易燃物上，容易发生火灾。

（2）不在宿舍内使用电炉、电热杯、热得快、电饭煲等大功率电器、电热设备，以及煤气炉、酒精炉、液化气炉等明火。学生宿舍内可燃物品多，使用电炉、酒精炉等，稍有不慎或疏忽，便能引起火灾。

（3）做到不乱拉电线、乱接电源。乱接电源容易使电流过载，如使用不合格的电器或电线老化，易引起火灾。嗅到电线胶皮烟味，要及时报告，采取措施。

（4）不在室内点蜡烛看书。人疲乏入睡后，蜡烛容易引燃蚊帐、被褥，引发火灾。

（5）不在宿舍使用明火和焚烧物品。

（6）不要将台灯靠近枕头、被褥和蚊帐。灯管长时间发热，容易引燃枕头、被褥和蚊帐，造成火灾。使用充电器、电脑等电器要注意发热部位的散热。

（7）人走熄灯，关闭电源。室内无人时，应关掉电器和电源开关，切断室内电源，能彻底保证不发生火灾。

（8）不存放易燃易爆物品，如个别同学顺手带回实验用酒精，藏匿在床铺下，如有滴漏，一个烟头就可能引起着火或爆炸。

（9）发现安全隐患及时向管理人员或有关部门报告；爱护消防设施和灭火器材，不随意移动或挪作他用。

（四）防交通事故

1. 大学生易发生交通事故的主要类型

1）思想上不重视，安全意识淡薄引起的交通事故

许多大学生特别是新生，离开父母和相对封闭的学习环境不久，缺乏交通安全知识和应对复杂交通环境的经验，对交通安全的重要性认识不足，少数学生思想上容易形成在校园内骑车或行走，无论什么场合都应该车让人的错误认识，于是不管在校园道路上行走还是横穿马路时，往往目中无车而导致交通事故的发生。

2）在校园道路上进行娱乐活动而造成的交通事故

大学生精力旺盛，多数学生喜欢体育活动，这是一项锻炼身体、增强体质的运动，但也有少数学生不顾交通安全，在人来车往的道路上踢足球、玩篮球、打羽毛球等，由于在打球的过程中，精力全部集中在自身活动中，对身边发生的其他事物视而不见，遇来车时往往因躲闪不及而发生交通事故。

3）在道路上嬉戏、打闹造成的交通事故

大学生年轻，活泼好动，在道路上结伴同行时，有时喜欢推推打打，甚至相互追逐，一旦突然遇到来车，会因处置不及时而发生交通事故。

4）戴耳塞、听音乐造成的交通事故

有些大学生喜欢在行走时戴着耳塞接打电话或边走边听音乐（或学习外语），由于听力对外界的反应明显减弱，对身后来车无法察觉，加上精力全部集中在音乐上，因此极易引发交通事故。

5）骑自行车车速过快，下陡坡冲坡造成的交通事故

高校教育改革后，一般校园面积都比较大，为了学习方便，许多大学生都购买了自行车，但有些学生喜欢骑快车、骑"飞车"，有时甚至与机动车比速度。除此之外，还骑车带人、冲坡，甚至不握手把的现象也很常见，这些都是交通安全的严重隐患，在以往的校园交通事故中，此类事故是最为常见的交通事故之一。

6）不走人行道造成的交通事故

有些学生总是认为，校园的主体是学生，在校园道路上，无论是人行道，还是车行道，学生都应受到保护。因此，少数学生往往有人行道不走，偏偏要与机动车争道、抢行，由于校园机动车道普遍比较狭窄。因此，在机动车道上行走，尤其是夜间在机动车道上行走，与机动车发生碰撞的概率增大，发生交通事故也就在所难免。

7）横穿马路造成的交通事故

随着进入高校校园的机动车辆逐年增多，一些校园主、次干道的车流量越来越大，而校园的主教学楼、学生区一般都建在交通比较便利的主、次干道附近，遇上课、下课时容易形

成人流、车流高峰，此时有些学生横过马路不按"一看、二等、三通过"的基本方法行事，强行穿过马路，从而导致交通事故的发生。

8）无证驾驶而导致的交通事故

为了方便学习和出校办事，少数学生违反交通法规和校园交通管理的有关规定，私自购买无牌照旧摩托车，且在未取得合法驾驶证的情况下，违法驾驶摩托车上路，由于此类摩托车均未经检验，安全性能差，加之无证驾驶，驾驶技术不过关，少数车主甚至还驾驶无牌照大功率摩托车在校园内飙车，其后果是不但造成对自己的伤害，也严重威胁他人的人身安全。近几年，高校校园摩托车交通肇事的案件时有发生，是校园交通事故比较多见的类型。

以上八种情况是高校校园常见的交通事故类型，大学生在校园日常学习和生活中，应针对上述情况举一反三，加强防范。

2. 大学生交通事故的预防

交通事故的发生，必然给大学生的生命财产带来无法弥补的损失。因此，如何避免和减少交通事故，对每一个大学生来说都具有十分重要的现实意义。那么，大学生怎样才能有效预防交通事故的发生呢？

1）提高交通安全意识，自觉遵守交通法规

交通安全意识是支配人们日常交通行为的准则，直接决定着人的交通行为取向，而遵守交通法规是避免或减少交通事故发生的有效办法，也是每一个公民应该具备的基本常识。因此，大学生应该具备较强的交通安全意识，掌握基本的交通安全知识，自觉做遵守交通法规的模范。只有这样，交通事故才会远离你的身边，才能保证交通安全。

2）自觉遵守道路通行规则

行人在道路上行走时，应走人行道，无人行道时应靠右边行走，步行时思想要集中，在车辆较多的路段，要尽可能做到"眼观六路，耳听八方"，应尽量避开经过身边的各类车辆，更不能与机动车争道抢行。横过马路时，要尽量走人行横道线，在无人行横道线的路段，要耐心等待最佳的穿越时机，千万不可突然横穿，更不得闯红灯或翻越交通护栏。只要每一个大学生都能认真遵守行人通行规则，做到人车各行其道，个人的交通安全就会得到有效的保障。

3）骑车时的安全防范

骑自行车是大学生主要的出行方式，因骑车而发生交通事故历来是大学生交通事故的主要形式。因此，防范骑车时发生交通事故，对大学生来说是尤为重要的。骑车时预防交通事故的方法主要有以下几种：

（1）不要骑快车，尤其不要骑"飞车""霸王车"，因为自行车的安全性能相对较差，高速骑行时，遇突发情况容易造成侧翻，而此时由于车速过快，造成较大的冲击力，对人身的伤害往往很大，严重的可能导致车毁人亡的后果。

（2）遇陡坡或急转弯时不要冲坡，一般应下车推行。

（3）不要骑车带人，因为自行车允许载重量为一人，如果骑车带人，对方向的操作和刹车的要求超过了自行车的设计要求，加大了骑车人对车的操作难度，因此，十分容易造成交通意外事故。

（4）在道路上骑行时，要走非机动车道，无非机动车道的路段，要靠路右边骑行，尽

量避免逆向行驶。

4）乘坐交通工具时的安全预防

乘坐公共交通车时要等车停稳后，依次上下车，车辆行驶时，不得将肢体伸出窗外，探亲旅游乘坐长途客车时，千万不要贪图便宜而乘坐车况不好的车，更不能乘坐无营运证的车辆，购买车票时要同时购买人身保险；乘坐火车、轮船、飞机时，一定要遵守车站、码头和机场的各项安全规定，不能携带各类违禁物品进站上车，如易燃、易爆或管制刀具等，以免发生意外事故。

5）不要在机动车道上进行球类活动或嬉笑打闹

在公路上玩球或打闹，会增加发生事故的突然性，容易造成机动车驾驶员慌张而导致操作失误，若遇驾驶经验不足的司机，发生交通事故在所难免。因此，大学生应尽量避免在机动车道上进行球类等娱乐活动，以便更好地规避交通事故。

6）骑电动车、摩托车时交通安全的防范

近年来，大学生骑电动车、摩托车的人数有逐年增多的趋势。电动车和摩托车一般车速都比较快，对车辆的驾驶难度相对较大，要求驾车人具备熟练的驾驶技巧。因此，摩托车驾驶的相关交通法规明确规定：必须取得合法驾驶证件后，才能驾驶摩托车上路。对电动自行车驾驶人员，交通法规虽然没有明文规定，但很多地方性法规都明文禁止车速超过 22 公里/小时的电动自行车上路行驶。近年来，随着电动自行车的车速有越来越快的趋势，已有很多人建议将车速超过 25 公里/小时的电动自行车作为摩托车来进行管理。由此可见，无论是摩托车还是电动自行车，车速均较快，发生交通事故的概率相对较高。因此，驾驶上述两种车辆时，一是要保持一定的车速，不可过快；二是要戴好安全帽，以便发生意外时减轻对脑部的冲击；三是不要驾驶安全性能差的电动自行车或摩托车，更不要驾驶无牌照或大功率的摩托车上路行驶，以免造成对自己或对他人的伤害。

第二节　了解和适应大学预科的学习环境

学生以学习为主，因此，当一名学生进入高一级的学校学习时，非常有必要及时了解、熟悉和适应新的学习环境，如了解新生入学与注册的相关规定，了解上课、自习和活动的具体地点，了解大学预科阶段的学习内容，了解大学预科阶段的教学原则和要求等。

一、了解新生入学与注册的相关规定

民族预科新生在入学时必须按规定办完各种入学手续和注册后，才能取得入学资格，并要求在第二个学期开学时进行新学期开学注册。

根据教育部 2005 年 9 月 1 日制定的《普通高等学校学生管理规定》的规定，按国家招生规定录取的新生，持录取通知书，按学校有关要求和规定的期限到校办理入学手续。因故不能按期入学者，应当向学校请假。未请假或者请假逾期者，除因不可抗力等正当事由以外，视为放弃入学资格。

新生入学后，学校在三个月内按照国家招生规定对其进行复查。复查合格者予以注册，取得学籍。复查不合格者，由学校区别情况，予以处理，严重的会被取消入学资格。

凡属弄虚作假、徇私舞弊取得学籍者，一经查实，学校应当取消其学籍。情节恶劣的，应当请有关部门查究。

对患有疾病的新生，经学校指定的二级甲等以上医院诊断，不宜在校学习的，可以保留入学资格一年。保留入学资格者不具有学籍。在保留入学资格期内经治疗康复的，可以向学校申请入学，由学校指定的二级甲等以上医院诊断，符合体检要求，经学校复查合格后，重新办理入学手续。复查不合格或者逾期不办理入学手续者，取消入学资格。

每学期开学时，学生应当按学校规定办理注册手续。不能如期注册者，应当履行暂缓注册手续。

二、了解上课、自习和活动的具体地点

首先要了解自己班级上课、自习和活动的地方，包括教室、实验室、运动场等。有些学校为了方便管理，没有像中学那样给每班分配相对固定的教室，因此，更需要每位新生在上课之前知道自己每天上课、自习和活动的具体地点，以免耽误自己的学习。

三、了解大学预科阶段的学习内容

根据教育部 2005 年 6 月 3 日制定的《普通高等学校少数民族预科班、民族班管理办法（试行）》的规定，民族预科教育的课程设置，按照"突出重点、加强基础、兼顾专业"的原则，开设语文、数学、外语、计算机和思想政治教育课程。根据文、理、医三类学科的特点，也可以开设必要的专业基础知识讲座。各学科所涉及的内容，既有高中的内容，又有大学的内容。广西少数民族预科分为文、理、医三类学科，各类学科的课程分别是：文科开设语文、数学、英语、历史、思想政治教育、计算机和体育；理科开设语文、数学、英语、物理、化学、思想政治教育、计算机和体育；医科开设语文、数学、英语、生物、化学、思想政治教育、计算机和体育。

四、了解大学预科阶段的教学原则和要求

大学预科教育是基于我国少数民族政策关怀下的一个特殊的高等教育层次，是我国高等教育的一个有机组成部分。它既不完全是中学阶段的基础教育，也不是简单等同于大学阶段的专业教育，它是在"预"与"补"的有机结合中，实现其"桥梁作用"和"服务功能"的一种特殊教育。鉴于此，大学预科教育阶段的教学原则和要求如下：

（1）遵循高等学校的教学规律，体现少数民族学生的特点，做到统一要求与因材施教相结合。

（2）加强和拓宽基础知识，注重实践能力和创新思维的培养，精讲多练，温故知新，以达到巩固和提高的目的。

（3）坚持改革创新精神，深入进行教学研究活动，不断充实新的教学内容，努力改进教学方法，加强实践环节，培养学生的自学能力、分析问题和解决问题的能力，使他们尽快掌握本科学习规律。

（4）正确处理好"预"与"补"的关系，在复习和深化中学课程内容的基础上，适当增加一些大学基础理论知识，并适当开设专题讲座课，以此为教育载体，提高预科学生对专

业学习的兴趣，提升他们进入本科学习的起点。

（5）坚持教书育人，把传授知识与思想教育结合起来，抓住教学中的各个环节，对学生进行爱国主义、集体主义、社会主义、民族理论和民族政策教育。

五、了解预科学生的日常管理规定

为了加强对学生的管理，提高教育教学质量。一般情况下，预科办学单位对学生的管理，除了实行教育部的有关规定外，还制定了比较具体、便于操作的预科学生管理规定。因此，预科新生在入学后，必须认真学习相关管理规定，例如《广西高校民族预科学生管理规定》。

六、了解综合测评细则

为了全面综合考核预科学生一年来学习、思想品德、身体、工作等方面的情况，促进学生全面发展，规范学生的管理，使学生公平、公正、公开选择专业，许多预科办学单位都制定了预科学生综合测评细则。因此，作为一名预科新生，为了使自己能够尽快地适应预科阶段的学习，入学时必须认真学习和阅读学生综合测评细则，例如《广西民族大学预科教育学院学生综合测评细则》。

七、学会自我管理

大学是一个人从他律向自律转变的重要时期。民族预科学生来到大学后，远离了父母，远离了原来熟悉的老师和同学，什么事情都要自己思考、拿主意并亲自去做。因此，在这个时期，大学预科生学会自我管理就显得尤为重要。

（一）自我管理的含义

自我管理是指个体通过自我计划、自我组织和自我监督等环节来调节自己的认知、行为和情绪，克服自身和外界环境的干扰，从而更好地实现自我目标的过程。简单地说，自我管理就是自己管理自己。

（二）大学生自我管理的内容

1. 主观因素的自我管理

1）自我目标管理

即知道自己的人生目标是什么，是否符合自身实际，还需要做怎样的调整，实现目标的措施有哪些，何时实现等。这个目标不但要具有挑战性与可实现性，还要可以量化。除了远大的人生目标，还应确定自己的日常目标，在短期内一一得到实现，只有这样，你才会体会到成功的快乐和满足，大学生活才会过得有价值。

2）自我心态管理

即个人为达到人生目标、实现自我优化而进行心态调整的一种行为。只有善于进行自我心态管理，才能成为命运的主人，主宰自己的心灵。尤其是当困难和挫折出现时，我们需要用乐观的心态来调整自己，坚定自己的方向，这样才有可能获得成功。

3）自我情绪管理

大仲马曾经说过："你要控制自己的情绪，否则你的情绪便控制了你。"自我情绪管理就是控制和化解不良情绪，不让自己成为情绪的奴隶，不能让那些消极的心境左右我们的生活。

4）自我激励管理

自我激励是一个人不断前进的推动力。我们之所以需要自我激励，是因为，一方面，我们的学习和生活难免会遇到挫折和障碍，使我们常常会有不知道该怎样下手的感觉，有时还会一头雾水。这时，如果不懂得自我激励，惰性心理就会占据上风，我们就会选择回避、退缩，目标就无从实现。另一方面，每个人身上都蕴藏着尚未得到开发利用的巨大潜能，如果没有自我激励，这部分潜能就无法转变为现实能力。

2. 客观因素的自我管理

1）自我时间管理

大学时间对每个学生来说都是均等的，但是为什么有的大学生收获颇多，而有的大学生倍感空虚、一无所获呢？关键在于他们是否懂得自我时间管理。有的同学经常会说：我今天事情很多，很忙，业余活动也多，没有时间学习。其实，这是不懂得自我时间管理的表现。自我时间管理就是要懂得时间的合理分配，将最重要、最紧急的事情先做好，然后再去做余下的不重要、不紧急的事情；可同时做的，就统筹安排同时做，以提高时间的使用效率；要做的事情一定要在计划的时间里完成，以免无所事事，浪费了美好的大学时光。

2）自我技能管理

技能是我们在社会上立足的根本，而大学阶段是一个人增长技能的最宝贵的时期。我们应珍惜大学生活，在此期间有意识地培养自己的专业技能，提高自己的竞争能力、沟通能力、人际交往能力，为步入社会奠定坚实的技能基础。

3）自我形象管理

加强自身形象、自身仪表、自身修养、言谈举止等方面的形象管理，以提高自身的魅力，获得他人积极的评价，提高人际交往时的信心和取得成功的机会。

4）自我金钱管理

美国哲学家、诗人爱默生把对金钱的管理看成一项管理工作或是对人的挑战。因为金钱既可以成为你实现职业目标的重要资源，也会成为你意志消沉的重要因素，有的大学生不会理财，无节制地花钱，沉溺于网吧不能自拔，最终陷入"财政危机"；有的追求品牌、攀比穿戴、花钱大手大脚，最终沦为了金钱的奴隶。因此，大学生应养成良好的消费习惯，设计合理的理财方案，提高自我金钱管理的能力，把金钱用于对人生发展有意义的事情上。

5）自我学习管理

大学期间的主要任务还是学习，只有在大学期间积累了相关知识和技能，才能在社会上沿着目标道路前进。大学生应充分利用校园里丰富的学习资源和良好的学习条件，汲取更多的学识营养，弥补经验上的不足。

6）人际关系管理

现代社会的分工日益细致，竞争日益激烈，建立良好的人际关系，强化团队意识，做到优势互补，才能更好地实现共同的利益目标。

综上所述，大学生只有加强自我管理，提高自我管理的能力，才可以更好地规划自己的大学生活，并向着预期的职业定位不断发展。

第三节　职业生涯规划

成功的人生需要正确规划，你今天站在哪里并不重要，但是你下一步迈向哪里却很重要。预科阶段是大学的准备时期，预科生在适应环境后作出合理的职业规划就显得尤为重要。

一、职业的概述

（一）职业的含义

关于职业，并没有一个完全统一的定义。现代社会的生产和生活中都广泛地涉及职业的概念和相关内容，不同学科可以从不同的角度来认识和归纳它。如社会学以一种社会现象来界定职业，认为它是指某种社会位置、人群关系及由此产生的权力、责任和法律的有效性等，而行为学是从无数稳定的行为模式、活动模式方面来研究职业的。

在一般人的心目中，"职业"主要是经济学的概念，说简单一点，就是社会中存在的各种专业劳动。专门的人干专门的工作，社会中就存在了不同的职业。职业是与劳动、工作、技术、工资、职责等联系在一起的。如果我们要对职业做一个较为完整的定义，可以说，职业是人们参与社会劳动的某种特定模式，是在社会分工的前提下，人们从事相对稳定的、分门别类的专业劳动，并以此获得工资收入和合理报酬的社会关系。

（二）职业的要素

职业包括以下几个要素：

（1）作为职业符号特征的职业名称。

（2）工作的对象、内容、劳动方式和场所。

（3）承担该职业工作所需要的资格和能力。

（4）工作取得的各种报酬。

（5）在工作中建立的与其他部门或社会成员的人际关系。

这些要素充分体现了职业是社会与个人、整体与个体的联结点，社会整体依靠每一个个体通过职业活动来推动和实现发展目标，个体则通过职业活动对整体作出贡献并索取一定的回报以维持生活。

（三）我国的职业分类

我国的职业分类主要有三种：

1. 依据从业人员所从事的工作性质的同一性进行分类

按照职业分类国家标准 GB/T 6565—1999《职业分类与代码》和《中华人民共和国职业分类大典》，将职业划分为大类、中类、小类、细类四层，具体包含 8 个大类，66 个中类，413 个小类，1 838 个细类（职业）。具体内容如下：

第一大类：国家机关、党群组织、企业、事业单位负责人，其中包括 5 个中类，16 个小类，25 个细类。

第二大类：专业技术人员，其中包括 14 个中类，115 个小类，379 个细类。

第三大类：办事人员和有关人员，其中包括 4 个中类，12 个小类，45 个细类。

第四大类：商业、服务业人员，其中包括 8 个中类，43 个小类，147 个细类。

第五大类：农、林、牧、渔、水利业生产人员，其中包括 6 个中类，30 个小类，121 个细类。

第六大类：生产、运输设备操作人员及有关人员，其中包括 27 个中类，195 个小类，1 119 个细类。

第七大类：军人，其中包括 1 个中类，1 个小类，1 个细类。

第八大类：不便分类的其他从业人员，其中包括 1 个中类，1 个小类，1 个细类。

2. 依据企业、事业单位、机关团体和个体从业人员所从事的生产或其他社会经济活动的性质的同一性分类，即按其所属行业分类，将国民经济行业划分为 13 个门类（另说为 16 个门类）

第一类：农、林、牧、渔、水利业。

第二类：工业。

第三类：地质普查和勘探业。

第四类：电力、煤气及水的生产和供应业。

第五类：建筑业。

第六类：交通运输业、邮电通信业。

第七类：商业、公共饮食业、物资供应和仓储业。

第八类：房地产管理、公用事业、居民服务和咨询服务业。

第九类：卫生、体育和社会福利事业。

第十类：教育、文化艺术和广播电视业。

第十一类：科学研究和综合技术服务业。

第十二类：金融、保险业。

第十三类：社会服务业。

3. 依据三大产业分类

第一产业包括农业、林业、渔业和畜牧业。主要是利用生物机能，通过自身劳动去强化或控制生物生命过程，取得符合社会需要的物质产品。具体职业有农艺师、农业技术员、林业工作者、畜牧师、兽医、农民、牧民、渔民、农机工等。

第二产业包括采矿业、制造业、电力、燃气及水的生产和供应业、建筑业。具体职业有厂长、经理、工程师、技术员、设计师、统计师、计算机程序员、各种机械和车床的操作工、炼钢工、石油钻井工、电工、电焊工、装配工、化验员、检验员、保管员等。

第三产业是除第一产业、第二产业以外的其他行业。包括交通运输、仓储和邮政业，信息传输、计算机服务和软件业，批发和零售业，住宿和餐饮业，金融业，房地产业，租赁和商务服务业，科学研究、技术服务和地质勘探业，水利、环境和公共设施管理业，居民服务和其他服务业，教育、社会保障和社会福利业，文化、体育和娱乐业，公共管理和社会组织，国际组织等。具体职业既有传统的列车员、列车长、船长、驾驶员、机械师、调度员、售票、售货员、营业员、营销员、会计师、邮递员、报务员、教师、记者、作家、律师、医生、教练员、运动员、研究员、政府官员、公务员、检察官、审判员、各级军官、警察等，又有国家定期公布的新职业，如网络编辑员、职业信息分析师、商务策划师、动画绘制员、模具设计师、客户服务管理师、外卖员、家政员、理财师等。

二、职业生涯的概述

（一）职业生涯的含义

职业生涯就是一个人的终生职业经历。与职业不同，职业生涯是个发展的概念，是一个动态的过程。它不仅包括一个人的过去、现在和未来那些可以实际观察到的连续从事的职业发展过程，还包括个人对职业生涯发展的见解和期望。具体地讲，职业生涯是以心理开发、生理开发、智力开发、技能开发、伦理开发等潜能开发为基础，以工作内容的确定和变化、工作业绩的评价、工资待遇、职称职务的变动为标志，以满足需求为目标的工作经历和内心体验的经历。

（二）影响职业生涯的因素

人一生的职业历程有着种种不同的可能，有的人从事这种职业，有的人从事那种职业；有的人一生变换过多种职业，有的人终生在一个岗位上；有的人事业有成，有的人则碌碌无为……这是为什么？影响职业生涯设计的因素是多方面的，有个人素质、心理等主观方面的因素，也有社会环境、机遇等客观方面的因素，它们相互关联、相互影响。对于某些人来说，他们所喜欢的职业或许正好需要他们并不具备的一些能力；对于某些人来说，他们所受的教育、所学的专业并非自己的兴趣爱好所在；对于某些人来说，他们的健康状况束缚了自己的职业生涯发展……因此，在进行职业生涯规划时要仔细考虑影响自己职业生涯的每一个因素。

1. 身心健康

身心健康对于职业选择特别重要，几乎所有的职业都需要健康的身心，不仅如此，职业适应也与身心状况有内在的关系，有的职业要求具有一定的视力、身高、体重；有的职业要求反应敏捷；有的职业要求耐心、细心；有的职业与物打交道，有的职业与人打交道；有的职业需要不断创新，有的职业需要不断重复、按程序操作，等等。

2. 教育程度

教育是赋予一个人才能，塑造人格，促进个人发展的社会实践活动。它奠定了一个人的基本素质基础。获得不同程度教育的人，在个人职业选择或被选择时，具有不同能量。一般来说，接受过较高水平教育的人，在就业以后会有较大的发展，即使在职业不如意时，其进行职业选择的能力和竞争力也较强。另外，人们所受教育的专业、学科门类，对职业生涯起着决定性作用。人们在选择职业、转换职业时往往与所学的专业有一定的联系，或以该专业的理论知识、技术能力为基础，流动到更高层次的职业岗位上。因此，教育职业的进展深受正规教育或专业培训的影响，教育程度是事业成功中不可缺少的因素。教育是人们改变社会地位的主要动力。但是，用人单位不只注意求职者所具备的教育背景资格，而且往往对他们能干什么有更大的兴趣。一般来说，用人单位要找的是既受过正规教育，又有发展潜力的人。

3. 家庭影响

家庭是人的第一学校。一个人的家庭也是造就其素质乃至影响其职业生涯的主要因素之一。每个人从幼年起，就会受到家庭深刻的潜移默化的影响，从而形成一定的价值观和行为模式。有的人还从家庭中自觉或不自觉地习得某些职业知识或技能。此外，一个人家庭中的其他成员，在其择业或就业后的流动中，往往给其一定的干预或影响，也会对其职业生涯产生很大的影响。

4. 个性因素

个人性格与一个人的职业生涯密切相关。一般情况下，只有从事与自己性格相适合的工作，才能充分施展自己的才华，全身心地投入工作，取得良好的业绩。如果性格与职业或岗位不合，再好的能力也难以得到充分发挥。

5. 个人价值取向与对不同职业的评价

毋庸置疑，个人的价值观、行为方式、工作动机、需求等因素也会直接影响到职业生涯的进展，在就业时，人们会根据自己的价值取向和对职业的不同评价进行择业。

6. 社会环境及组织因素

（1）社会的政治经济形势、社会文化与习俗、职业的社会评价及其时尚等，这些大环境因素决定着社会职业岗位的数量与结构，决定着其出现的随机性与波动性，也决定了人们对不同职业的认定和步入职业生涯、调整职业生涯的决策。

（2）一个人的职业空间多来自组织，组织中的人力资源观念、管理措施及管理者的水平，也是影响个人职业生涯的主要因素。

7. 性别因素

虽然男女平等观念已经被现代社会普遍接受，但性别因素在职业生涯中仍然起着重要作用。事实上，很少有人能完全漠视性别问题，男性与女性在生理上的差别，会导致选择和适应职业上的自然差别，男性与女性在择业价值观上也会因为生理条件不同而形成差别。因此，由于性别的原因，男性与女性在职业生涯中会形成不同的特点。

8. 机遇

机遇是影响职业生涯的偶然因素，但是对个人的职业生涯而言，有时又具有决定性的作用。机遇是随机出现、具有偶然性因素的事物，它包括社会各种职业对一个人展示的随机性的岗位，或者说是一个人能够就业和流动的各种职业岗位，也包括能够给个人提供发展的职业境遇。机遇本身是客观存在的，但机遇只垂青那些有准备的人。个人的能动性有助于寻求到新的发展机会，或者自己创造机会。许多事业上成功的人，不是靠家庭、亲友的帮助，也不是依赖社会给予的现成机会，而是靠自己的努力奋斗和开拓进取。

（三）职业生涯发展阶段

1. 职业生涯贯穿我们的一生

每个人在实现职业生涯宏伟目标的过程中，都会经历不同的发展阶段，有着不同的职业需求和人生追求，但关键之处往往只有几步。不同阶段的任务，组成了一个人向职业生涯顶峰攀登的崎岖之路，同时也将决定未来的职业生涯去向。职业周期的阶段和任务与生物社会周期的阶段和任务紧密相关，因为两者都与年龄和文化准则连接在一起。一般来说，一个人在 20 岁左右希望尽快进入职业角色，30 岁左右追求发展空间，40 岁左右追求突破，50 岁左右则可能力求平稳。正确地认识职业生涯发展规律以及自己所处的发展阶段，对制定有效的职业生涯规划是非常重要的。

2. 职业生涯发展阶段

1）职业准备阶段（一般从14~15岁开始，延续到18~22岁，读研究生则延续到25~28岁）

这是一个人在就业前学习专业、职业知识和技能的时期，也是个人素质形成的主要时期。但对于这个职业生涯的起点，许多人是盲目的，甚至是由别人（通常是家长或老师）代替决定的。

2）职业选择阶段（一般集中在17或18~30岁）

这一阶段的主要特征是从学校走上工作岗位，是人生事业发展的起点。在这一时期，人们要根据社会需要和自己本身的素质及愿望，作出职业选择，走上工作岗位。这是人生职业生涯的关键一步。如果选择失误，将导致职业生涯的不顺利，抑或是浪费时间后再次选择，还可能是顾此失彼丢掉其他的工作机会。如何起步，直接关系到今后的成败。一个人为了找到最适合自己的职业，可能要经历几次选择和磨合。可以多进行一些职业方面的尝试、探索，熟悉、适应组织环境，熟悉工作内容并有初步的开创性成果。发展和展示个人专长，积累知识能力，学会与他人沟通协作，获得认可。所有这些目标都需要通过学习过程来逐步实现。因此，这一阶段的规划方案，也应当围绕学习这个主题来进行。可具体分解到以何种形式来学习知识，重返校园还是参加培训，学习的内容是什么，达到怎样的目的，以及提高能力的具体途径等。

3）工作初期——职业适应阶段（一般在就业后1~2年）

这一时期是对走上工作岗位的人的素质检验。具备岗位要求素质的人，能够顺利适应某一职业；素质较差或不能满足职业要求的人，则需要通过培训教育来与职业要求相适应；自身的职业能力、人格特点等素质与工作岗位要求差距较大者，难以与职业要求相适应，则需要重新选择职业；而个人素质超过岗位要求、个人兴趣与现职业很不相符者，也可能重新对职业进行选择。

4）工作中期——职业稳定阶段（一般从20~30岁开始，延续到45~50岁）

这一时期是人的职业生涯的主体。一般是在人的成年、壮年时期，且占人的生命过程的绝大部分时间。这一阶段可能存在诸如发展稳定、取得阶段成功或遭遇发展瓶颈、面临中年危机等不同情况。对于大部分人来说，这一阶段应该致力于某一领域的深入发展，求得升迁和专精。它不仅是劳动效果最好的时期，而且是人们担负家庭责任的繁重时期。一个人40岁应该是职业锚扎根的时候，除非有特别的才干和抱负，否则不宜再更换职业。因此，成年人往往倾向于某种稳定的职业，甚至特定的岗位。这时的个人精力一般也不允许你像年轻人那样去上学深造，适合的充电方式只有短期培训和实践积累。即使真的处于职业生涯的瓶颈口和转折点，需要重新调整职业和修订自己的目标，也应在45岁以前完成。在职业稳定期，如果从业者的素质能够得到发展和提高，潜力得以体现，就可能抓住机会逐步取得成果，成为某一领域的出色人才、行家里手，得到晋升并获得职业生涯的成功和成就。因此，处在这一阶段的职业生涯策略应重点围绕扩大工作视野，传、帮、带新人和提升领导（指导）能力来进行。这些内容仅从书本和培训中是难以得到的。

5）工作后期——职业素质衰退阶段（一般从45~50岁开始，延续到55~60岁）

这一时期，人开始步入老年。由于生理条件的变化，能力缓慢减退，心理需求逐步降低而求稳妥维持现状。一般来说，这一阶段上升的空间已经很小，应该规划退休前全身而退的策略，以及退休后的目标转移方案。也有一些老年人，智力并没有减退，而知识、经验还呈现越来越高的现象（有学者称之为"晶态智力"）。这种晶态智力的发挥，能够使他们的素质进一步提高，出现第二次创造高峰，直至巅峰。这些人往往是所从事职业领域里的专家权威或专业方面的学术带头人。

6）职业结束阶段

这一时期是人们由于年老或其他原因结束职业生涯历程的短暂的过渡时期。对于个人而言，职业稳定与适合是非常重要的。

在上述 6 个阶段中，职业稳定阶段最长，职业选择阶段最为关键，职业准备阶段在一定程度上决定着选择方向与稳定性。

三、职业生涯规划的概述

（一）职业生涯规划的含义

所谓个人职业生涯规划，是指个人结合自身情况以及眼前的机遇和制约因素，为自己确立职业目标，选择职业道路，确定教育、培训和发展计划等，并为自己实现职业生涯目标而确定行动方向、行动时间和行动方案。

（二）职业生涯规划的划分

按照规划的时间维度，职业生涯规划可以划分为短期规划、中期规划、长期规划和人生规划 4 种类型。

1. 短期规划

短期规划即 2 年以内的规划，主要是确定近期目标，规划近期应完成的任务。

2. 中期规划

中期规划一般涉及 2~5 年的职业目标和任务，是最常用的一种职业生涯规划。

3. 长期规划

长期规划即 5~10 年的规划，主要是设定较长远的目标，以及为实现此目标应采取的具体措施。

4. 人生规划

这是整个职业生涯的规划，时间长达 40 年左右，确定整个人生的发展目标和步骤。

从字面上看，个人职业生涯规划从短期到中期，再到长期，直至整个人生规划，如同台阶需要一步步地发展。但在实际操作中，跨度时间太长的规划由于环境和个人自身的变化难以把握，而时间跨度太短的规划意义又不大，所以，一般人们把个人职业规划的重点放在 2~5 年的中期规划，这样既便于根据实际情况设定可行目标，又便于随时根据现实的反馈进行修正或调整。

（三）职业生涯规划的步骤

一份完整有效的职业生涯规划应包括自我识别和测评定位（职业素质分析）、职业环境分析、职业生涯目标的确定、实施策略与措施、反馈调整 5 个环节。

1. 自我识别和测评定位（职业素质分析）

自我识别和测评定位即职业素质分析，是个人职业生涯规划的基础，也是能否获得可行的规划方案的前提。一个人只有通过自我识别和测评定位，正确深刻地认识和了解自己，才能对未来的职业生涯作出最佳抉择。如果忽略了自我识别和测评定位，所作的职业生涯规划很容易中途夭折。

自我识别和测评定位的主要内容是与个人相关的所有因素，包括兴趣、气质、性格、能力、特长、学识水平、思维方式、价值观、情商以及潜能等。简言之，要弄清我是谁、我想做什么、我能做什么，在自我识别的基础上，更重要的是通过科学测评来准确定位，避免自己一厢情愿。当然，一个人对自己的认识往往是片面的，所以在自我识别和测评定位中还应善于听取他人的意见。

2. 职业环境分析

这包括对社会政治环境、经济环境和组织（企业）环境的分析。即要评估和分析职业环境的特点、发展与需求变化的趋势、自己与职业环境的关系以及职业环境对自己的有利条件和不利因素等，以便不断地调整自己适应职业环境的变化和要求。要弄清自己在这种职业环境条件之下，究竟能干成什么，这样你的职业生涯规划才会切实可行，而不致流于空泛。

3. 职业生涯目标的确定

"明确方向是成功的一半。"说到底，我们制定个人职业生涯规划，就是为了实现某种职业生涯目标，进而获得自己理想的生活，所以目标抉择才是职业生涯规划的核心。职业生涯目标的确定是指：可预想到的、有一定实现可能的最长远目标，包括人生目标、长期目标、中期目标和短期目标。一般我们可以首先根据个人素质与社会大环境条件，确立人生目标和长期目标，然后通过目标分解，分化成符合现实需要的中期、短期目标。

4. 实施策略与措施

所谓职业生涯实施策略与措施，是指为实现职业生涯目标而制定的行动计划。在我们确定职业生涯目标后，就要制定相应的行动方案来实现它们。这就如同设计我们攀登目标的阶梯。实施策略与措施要具体可行，容易评量，应包括职业生涯发展路线、教育培训安排、时间计划等方面的措施。

5. 反馈调整

由于社会环境的变化以及其他不确定因素的存在，我们原来的职业生涯规划与实际情况肯定会存在一定的偏差。"计划赶不上变化"。尤其在现代职业领域，只有变化才是永恒的主题。影响职业生涯规划的因素很多。有的变化因素是可以预测的，而有些则是难以预料的。这就需要对职业生涯目标和生涯规划进行必要的调整。此时，职业生涯的评估和反馈会给我们带来收获。评估与反馈过程是个人对自己不断认识的过程，也是对社会不断认识的过程，是使职业生涯更加有效的手段。对职业生涯规划的评估与反馈主要包括职业的重新选择、职业生涯路线的重新选择、人生目标的修正、措施的实施与计划的变更等，这个过程可以分解为以下两个步骤：

1）评估

职业生涯规划是个人生活与职业发展的蓝图。虽然在制定职业生涯规划的过程中，对内在和外在、主观和客观的因素考虑了很多，但是随着时间的推移，这些因素会发生变化，因此，为了确保规划的可行性和有效性，必须随时对职业生涯规划的内容和成效加以评估。

此外，在实施的过程中，也会发现当初做规划时未曾想到的问题与执行时的困难。为保证职业生涯规划的效果，在每实施一段时间后，有必要对计划执行的方法作一下评估。

2）反馈与修订计划

实施职业生涯规划时，必须为日后可能的计划修改预留余地，修订的依据是每次成效评估后反馈回来的信息。至于计划修订的时机，必须考虑下列几点：

（1）定期检测预定目标的达成进度。

（2）每一阶段目标达成之时，要依据实际效果修订未来阶段目标可采用的策略。

（3）客观环境改变影响到计划的执行。

（4）有效的职业生涯规划还要不断地修正职业生涯目标，反省策略方案是否恰当，以能适应环境的改变，同时可以作为下一轮职业生涯规划参考的依据。

四、大学生职业生涯规划的意义

（一）职业生涯规划可促使大学生发挥自我潜能，增强核心竞争力

大学生职业生涯规划最关键的一点就是引导学生自我探索，通过自我探索，使大学生对自己有一个清晰的认识，发现自己的兴趣方向，认清自己的优势、劣势，了解自己的能力大小，从而理性地作出自身的未来职业生涯规划。一份行之有效的职业生涯规划可以引导学生正确认识自己的个性特质、优势、劣势，帮助其进行价值定位，在仔细分析自己的综合实力之后树立发展目标，并运用所学知识，在实践中实现自己的职业目标。大学生在此阶段的任务之一是对自己的能力、兴趣与爱好形成一种现实性的评价，在这个基础上评估自己离目标还有多远，而后深入挖掘自己的潜能，有意识地锻炼培养自己的能力和素质，不断增强核心竞争力，实现自己的职业理想。

（二）职业生涯规划有助于大学生增加择业的目标性

社会心理学家通过对一些人跟踪调查多年后发现，那些有明确奋斗目标的人，面对困难有理论与实践方面的准备，十多年后，他们的发展明显领先那些没有计划的人。很多大学生在择业过程中会出现盲目的状态，很大一部分原因是缺乏有效的职业生涯规划。大学生在进行职业生涯规划时可以加强对自身的认识与了解，确定自己的优势，找出自己感兴趣的领域，把个人奋斗的志向与社会的需要和国家的利益有机地结合起来，树立正确的择业价值观。职业生涯规划可以指导大学生制定恰当的人生目标，增强发展的目的性与计划性，提升成功的机会。

当大学生强烈地意识到"我需要为自己制定目标"时，这只是最开始的阶段，离最后目标的实现还有相当长的距离。制定一个既符合自己特点，又满足社会需要，同时又能够实现的目标并非易事。有时，你会毫无头绪，不知从何下手；有时，你制定的目标太遥远，很难实现；有时，目标又会太简单，对你几乎起不到促进作用。制定出恰当的目标需要对自己有全面的了解，同时具有把握外面世界发展趋势的能力和掌握制定目标的技巧。在这方面，职业生涯规划可以帮助你更好地了解自己，了解你所面对的外部世界。它会传授你基本的原

理和思想，并在此基础上教你使用工具，掌握实用技巧。经过有关职业生涯规划的学习之后，你会发现在制定人生目标的时候，你会有条理、有系统地针对自身特点，考虑外部环境，从而制定出一个切实可行的目标。

还有很多大学生受传统择业观的影响，追求并不适合自己发展的职业，把职业的舒适度、高薪和所处沿海发达地区等因素作为唯一考虑的标准。通过职业生涯教育，可以帮助大学生合理地选择职业方向，制定能够最大限度地发挥自己潜能的职业目标。

（三）职业生涯规划有利于培养大学生的资源驾驭能力

职业发展成功的关键因素之一就是资源。大学时期正是学生合理锻炼、培养、驾驭各种资源的关键时期。健康的身体、优良的道德品质、合理的知识结构、良好的人际关系以及社会适应能力等都是大学生可以利用的资源，有效的职业生涯规划能够培养大学生对这些资源的整合与驾驭能力。一份行之有效的职业生涯规划能够引导大学生正确认识自身的个性特质、现有与潜在的资源优势，帮助他们重新对自己的价值进行定位并使其持续增值。同时通过对自己的综合优势与劣势进行对比分析，树立明确的职业发展目标与职业理想。一个人只有尽可能地占有、扩大自己所需的人生资源，才有可能成功，制定职业生涯规划可以把人生有限的时间和精力集中起来，使其发挥出最大价值，从而获得事业的成功和实现人生的价值。

（四）职业生涯规划有利于大学生应对日趋激烈的社会竞争

当前，社会各领域的竞争日趋激烈。大学生要想在竞争中立于不败之地，设计好自己的职业生涯规划至关重要。21世纪这个知识经济时代对人才资源的合理配置提出了更高的要求，大学生不仅要掌握知识、信息，具有团队合作精神等素质，还需对自己的职业进行合理规划。只有对职业发展有了科学的规划后，才不至于在就业方向上模糊不定。实际上，未雨绸缪，先做好职业生涯规划，有了清晰明确的认识后再把求职活动付诸实践，才更为科学和有效，更容易实现自己的职业目标。

总之，人生的辉煌需要职业生涯规划，事业的成功离不开职业生涯规划。无数成功人士的成长经历都告诉我们，成功的职业发展源于合理的规划和充分的准备。大学阶段正是人生中最重要的时期之一，职业发展往往就在这一阶段定向。面对当前大学毕业生日趋严峻的就业形势，大学生职业生涯规划日益显示出其重要作用。

思考题

1. 预科阶段与中学阶段在生活环境方面有什么不同？
2. 民族预科生在校学习期间如何防止被别人骗？
3. 在校大学预科生如何防止交通事故的发生？
4. 大学生自我管理包含哪些内容？
5. 职业生涯规划的步骤有哪些？
6. 大学生进行职业生涯规划有什么意义？

第二章

我国高等教育与大学预科

大学预科教育是高等教育的重要组成部分，是高等教育的特殊层次。要了解大学预科教育，有必要首先来了解我国的高等教育。

第一节　中国高等教育的发展历史

一、高等教育的含义

高等教育的产生是人类社会发展到一定阶段的产物。只有社会生产力发展到一定水平、社会需要具有高度智能的人时，高等教育才出现在人类的社会实践活动中。高等教育是一个动态的概念，在其产生和发展的历史进程中，形式在不断变化、功能在不断丰富。

（一）高等教育的定义

在英国，在1963年之前，高等教育只指传统的大学，技术学院和理工学院的教育都不属于高等教育的范畴。中国古代的辟雍、太学、国子学、算学、医学等都拥有高等教育的性质，但也不属于现代意义上的高等教育。我国现代的高等教育一般从1898年（清光绪二十四年）设立的京师大学堂算起。目前国内外学术界对什么是高等教育的看法有所不同，我国在1989年出版的《辞海》中把高等教育界定为"中等教育阶段以上的专业教育"。联合国教科文组织于1993年11月在第27届大会上把高等教育定义为："高等教育包括由大学或国家核准为高等教育机构的其他高等学校实施的中学后层次的各种类型的学习、培训或研究型培训。"结合国内外高等教育的历史和现实，我们认为高等教育可以概括为：在中等教育基础上，由大学和其他各类高等院校提供，以培养各种高级专门人才为目标的教育。

（二）高等教育的任务和功能

高等教育的任务是培养具有创新精神和实践能力的高级专门人才，发展科学技术文化，促进社会主义现代化建设。

纵观高等教育的发展史，特别是19世纪洪堡创立柏林大学以来，教学、科研与服务构成了高等教育的三大社会职能，并至今在社会政治、经济、文化、教育等方面发挥着越来越大的作用。

二、中国高等教育的发展历史

中国高等教育源远流长，早期的高等教育可追溯到夏商周时期。从历史阶段来看，我国的高等教育可分为古代高等教育、近代高等教育、现代高等教育和当代高等教育。

（一）中国古代高等教育

中国古代高等教育萌芽于夏商周，形成于春秋战国，正式确立于两汉，发展于唐宋，瓦解于明清。在中国古代，高等教育主要由官府主办，教学内容以经史典籍为主，与生产和社会实际联系不多，也没有严格的等级之分。

1. 萌芽与形成时期（夏商周至春秋战国）

中国古代高等教育产生于以青铜器和铁器等手工工具为标志的生产力时代，与奴隶社会和封建社会相适应，不仅具有阶级性，而且具有等级性，为培养统治阶级的子弟和官吏服务。《孟子·滕文公上》有"夏曰校，殷曰序，周曰庠，学则三代共之；皆所以明人伦也。"但在整个奴隶社会，只有王公贵族子弟才能享受这些"高等教育"，教育活动在宫廷和官府内进行，即"学在官府"，文字典籍、祭祀器具也仅仅存放于官府中。商代的大学曰右学（瞽宗、明堂），既是天子王公议事、祭祀的场所，也是学习的场所，学习内容是"礼、乐、舞、射、御"；西周的大学由王室设辟雍，规模较大，设东西南北中五院，诸侯首府设泮宫，只有一院，都教授"六艺"（礼、乐、射、御、书、数），受教对象全是王室和贵族子弟，西周设专职的官员——师氏，负责教育。随着周王室的衰弱、诸侯势力的强大，"礼坏乐崩"，文字典籍扩散到诸侯各国，出现"天子失官，学在四夷"的状况，高等教育也出现了私学兴盛的新局面。私学的兴盛不仅导致在齐国都城临淄的稷门形成"稷下学宫"，而且促使最早的教育专著《大学》《论语》等出现了。《大学》提出教育的目的是"在明明德、在亲民、在止于至善"，具体地说，就是格物、致知、诚意、正心、修身、齐家、治国、平天下。《论语》提出了培养"士"和"君子"的教育目标，强调"文、行、忠、信"，为历代封建王朝所推崇，《诗》《书》《礼》《乐》等基本被各朝代列为教材。

2. 确立与发展时期（两汉至唐宋）

汉武帝在中央设太学，设置五经博士，弟子员 50 人，成为封建社会官立大学的开端。太学是传授知识、研究学术的最高学府，太学生选拔很严，分太常补送、郡国选举、考试选举、因"父任"入学等，选拔对象是"18 岁以上，仪状端正，好学，敬长上，肃政权，顺乡里，出入不悖"的优秀知识分子，学习费用完全由官府支付，学习优秀者选拔为官。公元 178 年，在洛阳鸿都门设专门学习和研究文学艺术的鸿都门学，教学内容是辞赋、小说、尺牍、书画等，可以称得上是世界上最早的专门学院。三国、魏晋、南北朝时期，沿袭了汉代的太学，学校更名为国子学。隋朝以后的中央官学被称为国子监。太学主要适应庶族地主阶级的需要，国子学适应士族的需要。唐朝的高等教育达到封建时代的鼎盛。贞观年间在国子监下设国子学、太学、四门学、书学、算学、律学"六学"，还设贵族学校弘文馆、崇贤馆，在太医署设医学，司天台负责培养天文、历法等人才，太仆寺培养兽医，门下省培养掌管整理典籍勘正错误的人才，中书省设文学馆培养艺术人才。等级界限进一步制度化，正式确立专门学院，行政、教育、研究机构结合，留学生很多。宋朝在继承唐朝传统的基础上，增设武学和画学等专科，高等教育制度更趋完善。书院有了很大的发展，书院以研究学问为宗旨，教学重在自修，自由讲学，讲究身心修养，著名的八大书院都是在宋朝时建立的，它们都得到政府的认可和资助。元朝的官学、私学制度和取士方法、基本教材与唐宋大体相同。

3. 衰退与瓦解时期（明至清）

明朝至清朝中叶，中央官学仅国子监一种形式。清代统治者为本民族及宗族子弟设立八旗官学、宗学、觉罗学等多种学校，此类学校注重清（满）文字习写及骑射技能的训练。清朝在京师设置国子监，学生统称为监生，但监生的来源复杂，有依父官阶级别入学的荫监生，有逢皇家庆典恩赐而入学的恩监生，有经过考试入学的优监生，有各地按名额选送的例监生，有用钱捐来的捐监生等，国子监成为藏污纳垢的地方。书院始于唐代的书院，原为藏书与修书之所。南宋书院重开自由讲学之风，形成了自己独特的教学风格，而明显区别于官学。南宋以后书院的兴废，直接为当时的政治形势所左右。元代对书院采取利用方针，将书院官学化。而明初，由于国子监及府、州、县、社地方官学的发达，书院处于沉寂状态。明代统治者意识到书院聚众讲学，对巩固封建统治不利，先后于嘉靖、万历、天启年间四次禁毁书院。清朝是满族建立的王朝，很害怕明末汉人民族思想的复活，故清初对书院采取禁止的办法。清朝还把各地书院纳入省立，思想控制极严，由于统治者对书院采取抑制政策，书院沉寂无闻，此后逐渐由消极抑制转变为严格控制监督下的积极发展，使书院数量大大超过前代，达2 000余所。然而由于官学化的日趋严重，绝大多数书院成了科举的预备场所。清末出现了学习经史兼习自然科学和工商诸科的书院，这类书院是近代新式学堂的前身。光绪二十七年（1901年）八月，清廷采纳张之洞、刘坤一的建议，下诏将所有书院改为学堂，预示着整个封建教育的破产。

（二）中国近代高等教育

中国近代高等教育始于洋务教育，第二次鸦片战争后，晚清社会进一步对外开放，清政府出于洋务运动对人才的需求，从19世纪60年代开始，创办了一批学习"西文"和"西艺"的新式学堂。

1. 起步时期（1862—1911年）

中国近代高等教育肇始于19世纪60年代新式专门学堂的创办。1862年恭亲王奕䜣奏请设立京师同文馆，培养外语翻译人才。开馆之初，仅设英文馆，随后逐步增设法、俄、德、东文馆，并于1866年加开算学馆。后来逐渐发展成为综合性的专门学堂。从1862年到1898年，全国先后创办的外语、军事、技术类专门学堂总数达30所左右，主要有上海广方言馆（1863年）、福建船政学堂（1866年）、天津水师学堂（1880年）、湖北自强学堂（1893年）等。这些新式专门学堂将"西文""西艺"引入学堂，从培养目标、教学内容到管理方式均明显有别于中国古代高等教育，开启了中国近代高等教育之端绪。从1895年起，分别成立的天津中西学堂（1895年）、上海南洋公学（1896年）和京师大学堂（1898年），一般被认为是中国近代大学的雏形。1904年，清政府颁布了第一部包括高等教育在内的具有近代意义的全国性学制——《癸卯学制》。《癸卯学制》中有《奏定大学堂章程》《奏定高等学堂章程》和《奏定农工商实业学堂章程》。在这些章程中，关于办学理念和培养目标有了新的表述：大学堂"以谨遵谕旨，端正趋向，造就通才为宗旨……以各项学术艺能之人才，足供任用为成效。"通儒院（即研究生院）"以中国学术日有进步、能发明新理以著成书、能制造新器以利民用为成效。"前一个时期提倡培养"艺才""专才"，这一时期提出培养"通才"。与此相适应，高等教育在课程体系、教学内容和方法上也发生了较大变化，最明显的表征是西方近代社会科学的各个门类被大量引进高等教育的课堂，如政治学、法学、教育学、哲学、心理学、经济学等社会科学被作为大学或高等学堂的教学内容，通过日本引进或翻译的西方教科书大量出版。同时，古代高等教育特别重视的儒家典籍"经学"的研习，也被保留下来。京师大学堂设有经学科，而且置于各学科之首。

2. 多元化时期（1912—1927 年）

1912 年的辛亥革命推翻了清王朝，结束了 2 000 多年的封建帝制，为中国近代高等教育的发展提供了一个相对宽松的环境。民国初年在蔡元培主持下进行的教育改革，形成了新学制《壬子癸丑学制》，对清末颁布的《癸卯学制》中有关高等教育的内容作了相应的改革。其间，教育部还陆续颁布了《大学令》《大学规程》《专门学校令》《公立、私立专门学校规程》和《高等师范学校规程》等一系列有关高等教育的法规法令。1912 年的《大学令》规定："大学以教授高深学术、养成硕学闳才、应国家需要为宗旨。"《专门学校令》提出："专门学校以教授高等学术、养成专门人才为宗旨。"这里强调的是"高深学术"，是培养"硕学闳才"和"专门人才"。蔡元培亲手制定的《大学令》中许多内容是"仿德国制""仿德国大学制"。1917 年蔡元培出任北京大学校长之后，学术自由和教授治校的理念，在他所主持的北京大学付诸实施。西方高等教育理念的核心即学术自由和大学自治的观念，通过蔡元培的倡导和身体力行第一次较全面地被国人所认识和接受。蔡元培所反复强调的学术自由、兼容并包的办学方针，以及他对大学功能的理解与认识，即所谓"大学者，研究高深学问者也"等，使中国近代高等教育对西方的移植上升到一个新的高度。从一定意义上可以说，正是通过蔡元培在北京大学的努力，中国高等教育在教育理念和培养目标上，从根本上动摇了以培养"内圣外王"的"贤士""君子""循吏"为目标的主流传统。同时，留美归国教育博士郭秉文主持下的东南大学以美国大学为榜样，延揽一批留美学生到校任教，集基础研究与应用研究为一体，从管理体制、学科设置、课程内容到经费筹措等方面，全面学习、借鉴美国高等教育。1922 年，毛泽东等人"鉴于现在教育制度之缺失，采取古代书院与现代学校二者之长，取自动的方法，研究各种学术，以期发明真理，造就人才"，在湖南创办自修大学。

3. 巩固时期（1927—1949 年）

融合美国和欧洲各国特点，以美国模式为基本走向。20 世纪 20 年代后期，从对地方分权制的教育体制的模仿，到大学实行选科制、学分制，导致大学各专业缺乏明确的课程标准。进入 30 年代，政府比较主动地吸收和借鉴欧洲各国的高等教育经验。如在高中毕业生中实行会考制度，以规范大学生的入学程度；教育部制定并实行有关大学教师任职资格的法令；强调大学毕业考试制度，等等。从一定意义上可以说，这些举措是吸收了欧洲各国高等教育经验的具体做法。1929 年，南京国民政府制定颁布了《大学组织法》和《专科学校组织法》。其中对培养目标的表述，分别为"大学应遵照……中华民国教育宗旨及其实施方针，以研究高深学术养成专门人才""专科学校应遵照……中华民国教育宗旨及其实施方针，以教授应用科学养成技术人才"。在20年之后的1948年，南京国民政府颁布的《大学法》和《专科学校法》中，对培养目标的表述与20年前几乎完全一致。

上述情况说明，高等教育的培养目标是培养研究高深学术的学者和研习应用科学的技术人才，这条主线一直贯穿其间。在课程体系和教学内容方面，民国时期与清末相比，最大的变化是废除了反映封建传统文化的科目，增加了体现西方文化精神的大量新学科，在人文社会科学方面如此，在自然科学和技术科学方面更是如此。据统计，民国初年《大学规程》中所开列的课程科目总数比清末《癸卯学制》所规定的课程科目多300多门，专科学校课程也比清末相应学堂科目增加了1~2倍。

（三）中国现代高等教育

中国现代高等教育，经过中华人民共和国成立后至1999年的50年，特别是改革开放后的改革与发展，培养了数以千万计的高级专门人才，为国民经济和社会发展提供了有力的人才支持和知识贡献。同时，自身也在不断发展中完善和强大起来。

1. 新旧转换时期（1949—1957年）

1949年中华人民共和国成立，新政权对旧教育进行了全面的改造。接管和改造旧学校，将所有接受外国津贴的学校和教会学校，以及私立学校改为公立；改革旧学制，颁布新学制，扩大工农和工农干部受教育的机会；清理教师队伍，对教师进行思想改造；对高等学校进行院系调整，以适应经济建设的需要。1952年对高等学校进行院系调整，按照苏联模式改造旧高等教育，构造了中华人民共和国成立之初高等教育的模式。新政府通过对私立学校的接办改造、教会学校的取缔和院系调整等重大措施，初步完成了对1949年以前的高等教育体制和格局的改造，新的以苏联为模式的高等教育体制形成并确立。关于高等教育培养目标的明确表述，最早见于1950年7月政务院批准的《高等学校暂行规程》。其中规定："中华人民共和国高等学校的宗旨为根据中国人民政治协商会议共同纲领第五章的规定，以理论与实际一致的教育方法，培养具有高级文化水平、掌握现代科学和技术的成就，全心全意为人民服务的建设人才。"在这里，除去头、尾两处有关政治方向的要求之外，核心内容是"培养具有高级文化水平、掌握现代科学和技术成就的建设人才"。在课程体系方面，特别强调了废除国民党政府开设的政治教育课程，代之以马克思列宁主义理论著作为基础的新的课程体系。进一步发展的结果，则是全面地照搬苏联的课程体系。在1956年至1957年间，中国高等教育领域出现了一股追求学术自由、大学自治的风潮。知识分子响应中国共产党"百花齐放，百家争鸣"的号召，对于机械地照搬苏联模式，大学中专业设置过窄、高等教育中忽视社会科学以及把马列主义奉为教条等现象提出了激烈的批评。1957年，毛泽东在《关于正确处理人民内部矛盾问题》的著名讲话中，提出了指导中国近30年的教育方针，即"应该使受教育者在德育、智育、体育几方面都得到发展，成为有社会主义觉悟的有文化的劳动者。"从此，这个方针成了中国所有教育机构，包括大、中、小学的办学宗旨。

2. 动荡时期（1958—1977年）

1957年以后，由于中苏关系的恶化和国际国内形势的变化，中国高等教育的发展逐渐走上了动荡的道路。这 20 年间，经历了 1958 年至 1960 年的"教育大革命"所带来的高等教育"大跃进"。之后是随着国民经济的调整、巩固、充实、提高而进行的高等教育大调整。从 1966 年开始的"文化大革命"，完全是关起门来"革教育和文化的命"，在经历了高等学校三年不招生、工农兵上大学和在工人阶级领导下的"斗、批、改"之后，中国高等教育已经到了崩溃的边缘。1961 年，《中华人民共和国教育部直属高等学校暂行工作条例（草案）》（简称《高教六十条》）颁布，对高等学校的培养目标作了前所未有的详细规定："高等学校学生的培养目标是：具有爱国主义和国际主义精神，具有共产主义道德品质，拥护共产党的领导，拥护社会主义，愿为社会主义事业服务、为人民服务；通过马克思列宁主义、毛泽东著作的学习，和一定的生产劳动、实际工作的锻炼，逐步树立无产阶级的阶级观点、劳动观点、群众观点、辩证唯物主义观点；掌握本专业所需要的基础理论、专业知识和实际技能，尽可能了解本专业范围内科学的新发展；具有健全的体魄。"可以说，这是近代以来关于高等教育培养目标的字数最多的一次表述。应该说，较之 1957 年毛泽东的论述和 1958 年中共中央、国务院指示中的规定，培养目标更明确，对专业有一定的要求。但是，这种状况没有持续多久，随着"千万不要忘记阶级斗争"口号的提出，高等教育培养目标的泛政治化倾向愈演愈烈，直至"文化大革命"十年，高等教育的培养目标变成了"反修、防修，培养革命事业接班人"一句空洞而抽象的政治标语。与此相适应，在课程体系、教学内容等方面，在大量突出政治学习、触及灵魂、思想改造的同时，专业知识被压缩至最少，大学变成了短训班。

3. 稳步发展时期（1978—1999 年）

1978 年，中国共产党十一届三中全会召开，确立了改革开放的基本国策，高等教育重新走向世界。1978 年 4 月召开的全国教育工作会议，否定和抛弃了"文化大革命"中以阶级斗争为纲的教育目的，将现代化的实现确立为教育的主要目标。同年 10 月，教育部对 1961 年颁布的《高教六十条》略做修改，印发全国高等学校组织讨论。1980 年 2 月，全国人大颁布了《中华人民共和国学位条例》，规定对高等学校和科研机构的毕业生和科研人员经过严格考核，分别授予学士、硕士和博士学位。其目的是促进科学专门人才的成长，促进各门学科学术水平的提高和教育、科学事业的发展。1985 年 5 月，中共中央颁布的《关于教育体制改革的决定》（以下简称《决定》）指出，"高等学校担负着培养高级专门人才和发展科学技术文化的重大任务。"这是中华人民共和国成立以来第一次如此明确地把高等教育的任务归结为培养高级专门人才和发展科学技术文化。此外，《决定》还强调高等学校是教学、科研中心，而不是像苏联模式那样，要么负责教学，要么负责专业培训；强调改革教学内容、教学方法、教学制度，强调提高教学质量，开展教学改革试验，改变专业过窄的状况，增加选修课，实行学分制和双学位制等，努力借鉴和移植先进国家高等教育的课程体系和教学内容。进入 20 世纪 90 年代，随着改革开放的深入和经济体制的转变，中国高等教育的发展进入了一个新的历史时期。政府陆续制定颁布了《中华人民共和国高等教育法》《面向 21 世纪教育振兴行动计划》《中共中央国务院关于深化教育改革全面推进素质教育的决定》等一系列法规，借鉴世界各国高等教育发展的经验，加快了高等教育改革的步伐。随着经济的发展和人民群众接受高等教育要求的不断高涨，西方发达国家高等教育大众化的理念已被人们所接受，并转化为政府的教育政策，中国高等教育面向社会精英阶层的传统已成为历史。

（四）中国当代高等教育

20 世纪 90 年代末以来，中国高等教育呈现稳步发展的态势，突出表现在高等学校招生规模的不断扩大，以及高等教育入学率的显著提升。在 1999 年之后，中国高等教育步入了数量和规模扩张的黄金时期，很快实现了由"精英化"向"大众化"的转变。

三、我国未来高等教育的发展趋势

我国今后一段时期高等教育发展的主要趋势如下：

（一）普及化趋势

近年来我国高等教育快速发展，已经跨入大众化教育阶段，随着我国经济社会的全面进步，高等教育普及化已经成为必然趋势。高等教育的地位越来越重要。

1. 高等教育已成为经济和社会发展的动力源

经济和社会发展的动力在经过土地加人力、资本加人力阶段之后，随着科技大量渗入劳动过程，已转移到对劳动者素质更高的要求上来，势必要求高等教育提高服务能力，增加入学机会，培养与之相适应的人才。

2. 高等教育已成为一个国家综合实力的关键标志

世界发达国家的经验证明，高等教育的发展是经济和社会发展的先导。例如，文艺复兴起源于意大利、工业革命始自英国、电力革命发生在德国等，都与当时这些国家高等教育走在世界前列有重要关系，当今美国经济在世界的地位与其高等教育在世界的地位也是一致的。

3. 高等教育已成为实施可持续发展战略的人才和智力保证

高校不仅是培养人才的摇篮和人才的集聚高地，而且是科研的重要基地。有资料表明，我国 2/3 的科技成果出自高校。

4. 发达国家发展高等教育的经验为我们提供了借鉴

例如，美国普及高等教育从 1890 年到 1940 年，用了 50 年；日本从 1930 年到 1970 年，用了 40 年。这些发达国家的经验告诉我们，当人均 GDP 达到 1 000 美元的时候，高等教育的发展就驶入了快车道。

广大人民群众对高等教育的迫切需求为高等教育普及化提供了条件。我国老百姓有着重视子女教育的传统，有着让子女接受高等教育的迫切愿望。随着国民经济的发展和人民收入的增加，老百姓具备供子女上学的条件之后，这种愿望更加迫切。这是高等教育普及化的重要基础。高等教育向普及化目标迈进越来越有其现实可能性。我国人口总量多，具有潜在的人力资源优势，但由于国民平均受教育水平较低，劳动力结构重心偏低，劳动生产率远低于美国以及日本、韩国等国家。因此，我们必须把大力发展高等教育作为提升我国综合竞争力与人力资源总体水平的一项重大战略选择。令人欣喜的是，我国有关部门在人力资源报告中早已提出了高等教育发展前景的设想，同时积极采取措施提高高等教育的质量和办学效益，确保可持续发展。随着我国国民经济的持续发展和小康社会的全面实现，高等教育所获得的支持力度将会越来越大。另外，我国高等学校公办、民办一起上，已经建立起层次科类比较齐全、覆盖经济社会发展各个方面的高等教育体系。

（二）国际化趋势

1. 高等教育要着眼于世界的开放性

将高等教育的改革与发展置于国际背景之下，加强彼此之间在人才、信息、技术等方面的合作，在高等教育的发展内容上注重各国经验的共同性，与符合高教规律、顺应历史潮流的国际高等教育惯例接轨，在高等教育目标和水平上追求先进性。高等教育国际化是世界各国高等教育的一种发展趋势，伴随世界经济一体化进程的加快，我国高等教育国际化趋势日益明显。

2. 高等教育国际化具备了客观条件

（1）当今世界的主题是和平与发展，为高等教育国际化提供了政治基础。

（2）信息技术、交通工具的发达为高等教育国际化提供了条件基础。信息技术打破了过去的时空限制，交通工具的便捷，使得各国之间的交流从来没有像今天这样方便。

（3）经济全球化为高等教育全球化起到了重要的促进作用。经济全球化的程度越高，对高等教育的依赖性越强，也就越促进高等教育的相互交流和接轨。

3. 高等教育国际化符合高等教育发展的内在要求

高等教育要适应变化的世界，就要借鉴和吸收各国成功的经验，不断推动教育理念、目标、内容等构成高等教育的物质要素在全球范围的交流与合作。本着走出去、请进来的原则，大学教师、学生和科研人员的国际流动需要得到不断加强。高等教育国际化就是向西方高校借鉴学习。要注意借鉴和吸收西方发达国家在高等教育发展过程中积累的经验和先进的教育理念。西方大学办得早，经验多，水平高。少数西方发达国家居于世界知识体系的中心，特别是自然科学方面，它们是新知识的生产者和输出者，主导着国际知识的发展方向。中国高等教育也可以说是向西方学习的产物。我国一批著名的政治家、思想家、军事家、科学家受西方的影响很大，纵观高等教育的历史，世界上尚无不借鉴学习而成功的先例。因此，我们要在保持民族特色的前提下加强学习，借鉴西方，走国际化之路，提高我们高等教育的整体水平。

（三）品牌化趋势

品牌是一种标志、一种质量、一种信誉。高等教育的品牌是靠良好的条件、优良的校风、高水平的师资、科学的管理保证人才培养质量而得到社会公认的信誉的。近几年来出现了这样一种现象，就是学生开始挑学校挑专业了，这在历史上是很少有的。以前只要能进大学，那就谢天谢地了。今天呢，考生如果认为学校不理想，专业不理想，他可能不去报到。

重视品牌是市场经济条件下高等教育发展到一定阶段的产物。计划经济条件下可以不重视品牌，因为上学和就业是国家安排的，个人选择的空间很小。过去高等教育资源严重短缺，可以不重视品牌，现在高等教育资源比过去充裕了，短缺的是优质教育资源，也就是说，学生有了相对选择的余地。重视品牌是用人单位注重质量的结果。过去毕业生统一分配，给你就得要，有时想要还要不到。现在是双向选择，有的还要考试选拔。重视品牌是提高教育质量、培育学校特色的动力。有品牌才有好生源，才有重要地位，才有光明的前途。

高校要重视品牌建设，通过采取充实内涵、加强队伍建设等一系列措施，创名牌教师、名牌课程、名牌专业、名牌特色、名牌学校，逐步奠定自己的名牌地位。

（四）多元化趋势

多元化包括办学主体多元化、投资渠道多元化、培养单位多元化、就业去向多元化等。在计划经济条件下，高校由国家包办，投资由国家包揽，培养由学校承担，毕业生由国家统一分配到机关、企事业单位。而在市场经济条件下，多种经济成分并存，资源配置通过市场调节，这为高等教育的多元化奠定了基础。多元化是高等教育发展的必然趋势。过去一元是计划经济的产物，而在市场经济条件下，高等学校由单一的政府办学体制已发展为"一主多元"的办学体制，即以国家办学为主，积极发展民办高等教育、私人办教育、企业办教育、公民合作办学、公立高校转制、中外合作办学等。培养方式出现了"双元制"和"订单式"培养，企业开始参与招生、办学、培养的全过程，与高校加强合作，实现育人与用人的结合。毕业生不再由国家统一分配到机关和企事业单位，实行自主择业，很多毕业生选择了创业和三资企业，等等。

多元化有利于促进高等教育的发展，具体表现为有利于培养特色、百花齐放；有利于发挥学校的主观能动性、提高效益和水平；有利于适应不同方面对人才的需要，进而对经济和社会发展作出更大的贡献。高等学校要重视和适应多元化趋势。在多元化的情况下，高校作为个体，必须争取自己的一元，这主要是指准确定位，培养特色，保住地盘，或者说抢占地盘。准确定位就是在广阔的办学空间中找准自己的位置；培养特色也可以说是创出品牌，让社会承认；保住地盘，包括保住区域地盘、行业地盘，让培养的人才有块地盘可以去，有一块根据地，在保证固定用户的同时，发展散户，开辟新的根据地。

（五）终身化趋势

终身化即终身学习与终身教育，就是教育要为人们提供他们需要学习的机会，使之成为与人的一生相伴的活动，贯穿人的生命全过程。它意味着学习将不只是青少年时代的事情，意味着学校教育不仅是为寻求职业做准备，而且成为提高生存水平的一部分。终身化趋势的原因主要是知识更新的速度加快了。有人说，毕业五年，在大学学过的知识能用的就不多了，这可能说得有点过，但是知识新陈代谢速度的加快，却是一个不争的事实。如今，换岗人员增多了。过去也许在一个岗位干一辈子，现在这种情况比较少了。换岗了，就需要充电，需要换新的知识、新的能力，需要学习。即使是不换岗，要求也比过去提高了。岗位要求提高了，就要充实自己，就要学习，蓄势待发。学一次，蓄好势，然后在工作中"发"去。要边蓄边发、蓄发结合、蓄大于发。也就是说，一边干，一边学，学的和干的要有机结合，总起来说，蓄的比发的多，尽量"大马拉中车、大马拉小车"，而尽可能避免小马拉大车。如今，有闲的、有钱的人也多了。学习逐渐成为人生的内在需要。因此，终身学习成为一种发展趋势。

（六）综合化趋势

综合化趋势是指培养内容、方法、目标特别是知识加以综合以提高教育质量的趋势。中华人民共和国成立后，我国高等教育仿效苏联发展模式，为当时国民经济建设培养了大批急需的专门人才。随着时代的发展，人们发现由于专业设置过窄，人为地割裂了知识之间内在的有机联系，如理工割裂、文理分家等，造成了人的发展不全面，导致了人的创造力下降。

20 世纪 90 年代，国家在高校实施素质教育，取得了一定效果。21 世纪，知识经济对人的全面发展提出了更迫切的要求。因此，高校应遵循人才成长规律，努力做到四个结合：科学和人文结合、社会需要和个人发展结合、传承和创新结合、马克思主义普遍真理与中国优秀传统文化结合。这对于大学生世界观的形成和创新能力的培养，对于培养全面发展的人才有着重要的意义。

第二节　我国高等教育的基本制度

一、我国高等教育的形式

（一）学历教育和非学历教育

根据高等教育法的规定，我国高等教育包括学历教育和非学历教育。高等学历教育是指受教育者经过国家教育考试，进入实施高等学历教育的高等学校或者高等教育机构，在规定期间内学完相应的课程，获得国家承认学历证书的高等教育。在高等学校或者其他高等教育机构，接受高级中等基础以上的教育，学习结束，获得相应的结业证书，这就是高等教育中的非学历教育。高等教育采用全日制和非全日制教育形式。学生在国家规定的修业年限内，全日在校学习的教育形式称为全日制教育。非全日制教育是指学生在规定的修业年限内，部分时间在校学习，其他利用业余时间进行学习，或者全部利用业余时间学习的教育形式。国家支持采用广播、电视、函授及其他远程教育方式实施高等教育。

（二）我国高等学历教育的实施主体

目前，我国的学历教育主要由普通全日制高等学校进行，这主要包括：大学、独立设置的学院、高等专科学校、高等职业学校。科学研究机构经国务院教育行政部门批准可以承担研究生教育的任务。社会力量举办的高等学校，具备国家规定办学条件，通过国务院教育行政部门的批准，可以实施高等学历教育。另外，经国务院教育行政部门批准，普通高校举办的一些函授班、夜大学也可以实施高等学历教育。

二、我国高等学历教育的层次和学位制度

（一）我国高等学历教育的层次

目前，我国高等学校学制，从形式结构上看，主要有普通高等学校、职业大学和成人高等学校三类；从层次结构上看，主要有专科、本科和研究生三个层次。教育部网站显示截至 2023 年，全国高等学校共计 3 074 所，其中包括普通高等学校 2 789 所（含独立学院 164 所），成人高等学校 252 所。

1. 普通高等学校

普通高等学校一般为中央部委或地方办的全日制院校，入学经国家规定的专门考试择优录取，实施学历教育。全日制普通高等学校根据其培养目标及学习年限的不同，分为下列三个层次：

1）高等专科学校

高等专科学校招收高中毕业生或具有同等学力的青年，修业年限为 2~3 年。除学习必要的基础理论外，主要注重实际应用技能的训练，培养中级的技术人员和管理人员。以培养初级中学教师为主的师范专科学校，就属于这一层次。

2）大学和专门学院

这是我国高等学校系统的基本层次，主要包括部分综合性大学和大量的分别以工、农、林、医、师范、政法、财经、体育、艺术等科目为主的大学或学院。招收高中毕业生或具有同等学力的青年，修业年限一般为 4 年，少数专业为 5 年。学习基础理论和专业知识与技能，培养各类高级专门人才。

3）研究生院

研究生院一般不是教育实体，而是组织和管理研究生教育的单位，设在大学、专门学院或有关科研单位中。目前，我国研究生教育划分为两个层次：硕士研究生教育和博士研究生教育，培养目标分别是具有从事本专业实际工作或者科学研究工作能力的高级专门人才和具有独立从事本学科创造性研究工作和实际工作能力的高层次专门人才。通常硕士研究生教育的修业年限为 2~3 年，博士研究生教育的基本修业年限为 3~4 年。

2. 职业大学

职业大学一般是由省、市举办的全日制的、职业性质的短期大学。修业年限一般为 2~3 年，相当于专科学校。学生来源为本地区的高中毕业生或具有同等学力的青年。职业大学一般是根据本地区的需要而兴办的，学习内容是各种职业所需要的基础理论和实际技能。

3. 成人高等学校

成人高等学校属于就业后的继续教育体系，一般为业余学习，也有全日制或半全日制的。主要招收在职人员，也有一些学校招收部分社会青年入学。学习年限根据实际情况有较大的伸缩幅度。

目前，我国成人高等学校系统在形式上可分为以下几种：

1）职工大学和职工业余大学

职工大学和职工业余大学主要招生对象是社会企事业单位的职工。学习方式为脱产或业余形式，脱产学习期限一般为 2~3 年，业余学习期限一般为 4~5 年。培养层次大多为专科。这种大学一般按行业或企业兴办，对口学习，易见成效。

2）广播电视大学

广播电视大学主要利用现代化教学手段实施远距离教育，是一种新型的开放性大学。它可以突破空间以及时间的限制，面向全国、全社会，在远距离更大范围内办学，学制灵活。主要招生对象为社会上具有高中毕业程度的人员以及应届高中毕业生，通过考试录取。培养规格以全日制普通高等专科毕业生水平为准。

3）函授学院和普通高校的函授部

函授教育是以自学为主、面授辅导为辅的一种远距离教育形式。我国函授教育除独立的函授学院外，大多是普通高等学校所举办的函授部。招收对象一般为具有高中毕业程度和大专文凭的在职职工，通过入学考试择优录取。学习期限：高中毕业起点，本科为 5~6 年，专科为

3~4 年；专科起点升本科一般为 2~3 年。学生毕业后颁发专科学历证书或本科学历证书。

4）普通高等学校附设的夜大学

利用普通高等学校的师资、设备，举办成人高等教育，既有利于挖掘潜力，发展学生数量，教学质量也有保障。此类大学招收对象和职工大学一样，以专科教育为主，部分为本科。夜大学的学习年限一般为 3 年。

5）教育学院和中学教师进修学院

这类成人高等学校是作为提高中等学校教师和学校行政管理人员水平的教育形式而存在的。一般采用脱产学习的方式，补充与提高有关学科知识、教育理论与教学方法以及学校管理的知识与能力。经过规定时间的培训或进修，达到一定要求，颁发结业证书。

除了以上由具体机构承担的成人教育以外，我国还建立了高等教育自学考试制度，又称为"没有围墙的大学"。高等教育自学考试制度是鼓励有志青年自学成才，通过考试为国家选拔人才的新型教育制度。参加自学考试的对象，不受学历、年龄限制。自学考试由省、市、自治区高等教育自学考试委员会组织，按照专业计划，分学科进行考试，累计学分达到毕业标准，颁发毕业证书。获得毕业证书者，国家承认其学历。

（二）我国高等学历教育的学位制度

1. 学位及学位制度

学位是标志被授予者的受教育程度和学术水平达到规定标准的学术称号。学位制度是国家或学位授予单位为保证授予学位的质量和对学位工作实施有效的管理所制定的有关法令规程或办法的总称。

1978 年党的十一届三中全会以后，我国恢复了中断 12 年之久的研究生培养制度。1980 年 2 月 12 日，中华人民共和国第五届全国人民代表大会常务委员会第十三次会议审议并通过了《中华人民共和国学位条例》（以下简称《学位条例》），制定了学士、硕士、博士三级学位的学术标准，并于 1981 年 1 月 1 日起实施。《中华人民共和国学位条例》是中国发展教育和科学事业的一项重要立法，它的诞生，标志着学位制度在中国的确立。为了实施《学位条例》，1980 年 12 月，经国务院批准建立了国务院学位委员会，作为领导学位工作的组织机构；1981 年 5 月 20 日，批准了《中华人民共和国学位条例暂行实施办法》（以下简称《暂行实施办法》）。此后，经过多年的改革和发展，中国的学位与研究生教育取得了突出的成绩，一个具有相当规模、学科门类大体齐全、学位质量能够得到保证、以高等学校为主体的学位与研究生教育体系和运行机制已经形成。目前，我国自己培养的博士、硕士和学士，正在国家各项事业的发展中发挥着重要作用。

2. 我国学位的分级与标准

根据《中华人民共和国学位条例》及其《暂行实施办法》，中国学位的分级与高等教育的不同阶段相联系，设学士、硕士和博士三级学位。"博士后"不是学位，而是指获准进入博士后科研流动站从事科学研究工作的博士学位获得者。

1）学士学位

高等学校本科毕业生，成绩优良，达到下述水平者，授予学士学位：

（1）较好地掌握本门学科的基础理论、专门知识和基本技能；

（2）具有从事科学研究工作或担负专门技术工作的初步能力。

2）硕士学位

高等学校和科学研究机构的研究生，或具有研究生毕业同等学力的人员，通过硕士学位的课程考试和论文答辩，成绩合格，达到下述学术水平者，授予硕士学位：

（1）掌握本学科坚实的基础理论和系统的专门知识；

（2）具有从事科学研究工作或独立担负专门技术工作的能力。

3）博士学位

高等学校和科学研究机构的研究生，或具有研究生毕业同等学力的人员，通过博士学位的课程考试和论文答辩，成绩合格，达到下述学术水平者，授予博士学位：

（1）在本门学科领域掌握坚实宽广的基础理论和系统深入的专门知识；

（2）具有独立从事科学研究工作的能力；

（3）在科学或专门技术上作出创造性的成果。

对于国内外卓越的学者或著名的社会活动家，经学位授予单位提名，国务院学位委员会批准，可以授予名誉博士学位。

第三节 大学预科教育及我国的民族预科教育

一、大学预科教育遍及中外

（一）国外的预科教育

预科教育（先修课程）是从中等教育向高等教育过渡的一个特殊的教育层次，也是高等教育的一个重要组成部分。早在18世纪，西方资本主义国家就把预科（先修课程）列入高等教育学制。18世纪后半叶，西方资本主义国家为了培养工业大革命、机器大生产所需要的各种技术人才，适当改变教育体制，在一些著名的大学设立预科教育，这种预科教育在19—20世纪得到迅速发展，并为世界各地所效仿。如美国、苏联、日本、法国的大学都曾设立过预科或先修课程，有些国家或地区到目前仍保留着。下面以几个具有代表性的国家的预科教育为例，浓缩国外高等学校预科教育发展的概貌，从历史的角度对我国预科教育的发展提供借鉴。

1. 美国先修课程计划

美国的先修课程亦称"进阶先修课程"或"高中生大学前先修学分课程"（Advance Placement Program），是目前美国高中生在申请大学前争相修读的一类课程。该课程在难度和深度上相当于大学学院级课程，高中生在修完该课程后可以将课程学分抵作大学学分，同时间接证明自己有能力胜任大学课业。许多大学在入学审核时也相当看重学生的先修课程考试成绩。受此影响，原本仅向高中教育金字塔最顶尖的学生提供的先修课程逐渐成为大多数高中生参与修读的课程。

2. 苏联及俄罗斯的预科教育

苏联从1969年起开始在高等学校设立预科，预科的招生对象主要是受过中等教育的先进工人、先进集体农民和复员军人。截至 1980 年，苏联共有 653 所，占全国 75% 的高等学校有预科，每年招收预科生 10 万多人，为高等学校的本、专科专业输送了大批的合格生源。1992 年 7 月 10 日，俄罗斯联邦颁布了《教育法》，对苏联普通学校的类型进行了彻底改革，其中的一项重要内容就是根据科技革命和市场经济发展建立新型学校，其中之一就是大学预科学校，该类学校多附设在高等学校，开办这类学校的目的是为那些表现出天赋才能的学生继续深造提供机会。到 1993 年年初，俄罗斯有预科学校近 350 所，在校生 17 万人。

3. 日本的预科教育

19 世纪 70 年代，日本实行"明治维新"之后，社会经济有了很大发展，现代教育制度也逐渐形成。1878 年，为了做好招生工作，东京大学建立了学生在升入大学之前接受预备教育的学校——预科。学生在预科学习 2～3 年，学习成绩合格者才能升入东京大学，能否进入预科，成为能否上大学的关键。这种预科考试制度持续了很长时间。第二次世界大战以后，日本的教育制度有了很大的变化，预科被取消。

4. 法国的预科教育

法国的综合大学（包括短期技术大学）一般不进行入学考试，但工程师高等学校要经过极为严格的全国性考试。凡是进入这类学校学习的学生，需要先进入设在中学的工程师高等学校预科班，接受为期两年的专门教育和训练，学习的是大学一、二年级数理化和法文课。只有经过预科班学习后，才能报考工程师高等学校。如果当年考不上，则取消报考资格。

（二）中国香港、澳门高校的预科教育

在中国香港，普通中等学校的学习年限为 5 年，初中 3 年，高中 2 年。中学分 4 种类型，即英文中学、中文中学、工业中学和职业中学。学生先参加由香港考试局组织的中学会考，会考科目共 30 多门，只要有 5 门及格，即认为达到中学毕业水平。学生毕业后可以参加就业培训，成绩较好需要继续升学的，再学一年（"中六"）或两年（"中七"）的课程。这一年或两年又可称为大学预科。"中六"实际上是香港中文大学的一年制预科班，而"中七"则是香港大学的两年制预科班。"中六"和"中七"并不是一个体系，"中六"多在中文中学开设，而"中七"则多在英文中学开设。

澳门大学设有三类课程：第一类是学士学位课程，学制 4～5 年；第二类是高等专科学位课程和文凭课程，学制 2～3 年；第三类是预科课程或特别班课程，学制 1 年。预科课程是为需要加强英语和基础课程训练的内地学生而设的。学生修读有关课程，完成指定的 30 个学分后，可发给预科毕业证书。有了预科毕业证书，可升读学士学位课程。

（三）我国内地预科教育历史概况

在我国近代教育史上，大学预科曾列入学制，作为衔接中学和大学的必经阶段。1903 年清政府颁布的《奏定学堂章程》，史称"癸卯学制"，把整个学程分为三段七级，第三段为高等教育，设大学预科。当时的预科教育有三年制和一年制两种形式。三年制的预科相当于现在的大学专科；一年制的预科先学习基础知识，然后到本科学习 3 年专业课程。1908 年，清政府在北京建立满蒙高等学堂，专门设立了满、蒙文预科和藏文预科，开民族预科教育之先河。1913 年，蔡元培任教育总长，教育部制定了新学制系统，该学制系统又称

"壬子癸丑学制"，规定大学设预科和本科，预科 3 年，本科 3 年或 4 年。1922 年 11 月，北洋政府教育部颁布了《学校系统改革令》，称为"壬戌学制"。"壬戌学制"一度取消了预科教育制度，以三年制的高中作为替代，这在当时是一项大的改革，列入学制系统的大学预科，实际存在了近 30 年，即从 20 世纪初到 20 世纪 30 年代。1941 年，中国共产党在延安建立延安民族学院，设立了民族预科教育性质的普通班。1949 年中华人民共和国成立以后至今，有 30 多所大学复办或新开办预科，大学预科教育虽未形成系统，但已初具规模。

目前我国的预科教育包括普通预科、少数民族预科、原总装备部①预科和高水平运动员预科以及留学预科等，从层次来看，又分为专科预科和本科预科，目前我国还出现了硕士预科，将来还可能出现博士预科。预科生在入学后进行为期一年或两年的过渡学习，之后再转入本科、专科层次的学习，学习内容和毕业待遇等与其他本专科学生一致。国家部属院校及重点院校不招收普通预科生，省属院校根据当地招生政策确定普通预科招生计划。一般只面向本省招生，如西南科技大学就只面向四川省招收普通预科生。报考前提是所填报院校有招生计划，并且考生填报了该志愿。原总装备部预科只招收解放军原总装备部基地干部子女；高水平运动员预科一般招收高校需要的运动项目的国家二级以上高水平运动员，报考时需参加专门考试。留学预科是近几年流行的一种预科形式。目前，招生范围较广的是少数民族预科。

二、民族预科是我国高等教育特有的办学形式

（一）中华人民共和国成立后我国民族预科教育的创办和发展

1950 年我国在中央民族学院开始创办民族预科班，而后在全国各民族院校先后设立了民族预科教育。1951 年 10 月，政务院颁布《关于改革学制的决定》，明确规定各高校除了设置研究生、本科、专科以外，都得附设先修班——预科班。1980 年后在北京大学、清华大学、北京师范大学、大连理工学院、陕西师范大学设有预科班，招收 150 名少数民族学生。以后，全国各高校陆续都招收民族预科学生。从此，举办民族预科教育的高等学校由十几所民族学院逐步扩大到目前的 100 多所高等学校，每年的预科招生规模也扩大到近 15 000 人，招生范围遍及 20 多个省区市。1980 年以来，累计招收民族预科生达 10 多万人。

（二）我国民族预科的招生、学制及直升分流

1. 我国民族预科的招生

民族预科班面向边疆、农、牧、山区地区招生，其招生与高等学校的招生录取工作同步进行，即举办预科班的学校，如属第一批录取学生的院校，其预科班的招生也在第一批录取（以此类推）。招生对象原则上是当年参加高考的少数民族考生（在高考志愿中须填报预科）。考生所在省、市、自治区同一批次最低录取控制分数线以上的报考考生不足计划招生数时，可适当降低录取分数线择优录取，但录取新生的标准不得低于各有关高等学校在该

---

① 原总装备部的名称历年经改变，现已为中国共产党中央军事委员会装备发展部。

省、市、自治区最低录取分数线以下 80 分（指实际考分，不含照顾分）。具体降分幅度，因校而异，由各招生学校根据当年的招生计划和生源情况而定。随着近几年来生源质量的提高，不少名牌大学相当一批预科生是在最低录取分数线以上录取的。

2. 我国民族预科的学制

预科教育的学制分为一年制和二年制两种。一般来说，为使用汉语文试卷考试（民考汉）的少数民族学生补习基础文化知识的班级，简称为全国班，学制一年；为新疆等地区使用民族语文试卷考试（民考民）的少数民族学生学习汉语打好基础的班级，称为汉语专修班、汉语班，或简称为新疆班，学制二年。在培养形式上分为本校培养与委托培养两种。招生人数较多，预科教育师资、经验较丰富的院校如中央民族大学、宁夏大学、广西民族大学等院校是实行本校培养，即预科生在本校读完预科，接着读本科。招生人数较少的院校则实行委托培养，即预科生在委托院校读完预科后回招生院校接受本科教育。

3. 我国民族预科的直升分流

民族预科班学习期满后，政治表现好，经预科培养学校考核具备升入大学本科学习条件的，即可直接升入原录取学校本科有关专业学习，第二年不再参加全国统考；考核不合格者，则退回原籍。一般来说，预科生录取时不确定专业（个别招生人数较少的学校，录取时也有确定本科专业的），而是根据学生在预科阶段的政治思想表现、学业成绩、社会活动等各方面的综合素质与能力，重新填报、确定升入本科学习的专业。因此，对预科生来说，有第二次申报、选择理想专业的机会。很显然，与高考的"一锤定音"相比，这也是预科教育的一大优势。当然，竞争也会很激烈，一年后能否选择理想的专业，完全取决于个人的努力程度，全看学生自己能不能把握这一难得的机遇。

（三）预科教育的地位和作用

1. 民族预科教育是贯彻党和国家民族平等政策的重要措施

在社会主义初级阶段，由于历史和自然条件等方面的原因，民族地区的经济、文化还相当落后，教学条件、师资条件与发达地区不在同一起跑点上，如果在大学招生录取时，采取统一标准来录取新生，录取少数民族学生，这就形成了事实上的不平等。而且少数民族教育和全国教育水平的差距在短期内还很难消除。因此，在接受高等教育权利方面，必须采取特殊政策，即采取降分录取的优惠政策，使边远山区的少数民族学生先到预科学习 1～2 年，再到本科学习，这样，少数民族学生就有机会上大学，特别是重点大学，以一种形式上的不平等来解决历史上遗留下来的事实上的不平等，实现少数民族学生接受高等教育的平等权利。实践证明，预科教育是实现这一接受高等教育的平等权利较好的方式。

2. 预科教育是边远地区少数民族子弟接受高等教育的"金色桥梁"

由于民族地区教学条件、师资条件与发达地区不在同一起跑点上，如果在大学招生录取时，采取统一标准来录取新生，录取少数民族学生，就会有许多少数民族学生，甚至有个别少数民族没有学生能上大学。预科教育的设立，采取特殊的优惠政策降分录取，使边远山区的少数民族学生先到预科学习 1～2 年，再到本科学习，这样，少数民族学生就有机会上大学，特别是重点大学。因此说预科教育是边远地区少数民族子弟接受高等教育的"金色桥梁"。

3. 预科教育是解决民族地区人才缺乏问题的战略措施

民族地区经济落后，原因很多，其中一个很重要的原因就是缺乏人才。现在有些民族地区有大学学历的干部比较少，特别是女干部。而要培养少数民族的人才，依靠的就是高等教育，只有把少数民族学生输送到大学去读书，使他们接受高等教育，才能培养出优秀人才。要扩大少数民族学生接受高等教育的人数，如果单单实行降分录取使少数民族学生直接进入高等学校学习，少数民族学生在学习等方面会遇到一些困难，如果少数民族学生先进入预科接受一年教育，把基础打牢后再接受高等教育，效果会好得多。同时，从全国来说，一般来讲，到发达地区接受高等教育的少数民族学生大多数都会到本地区工作。因此，预科教育是解决民族地区人才缺乏问题的战略措施。

4. 预科教育是普通高等教育健康发展的必要保证

大学新生录取时，对少数民族学生采取降分录取，而且，随着形势的发展，还需要对少数民族学生进行扩招，这样，会有更多的"低分"少数民族学生进入大学学习。所以，少数民族学生基础知识比较薄弱和大学对学生的高要求矛盾就越来越大。如果采取预科教育的形式，进入预科接受一年教育，把基础打牢后再接受高等教育，少数民族学生基础知识比较薄弱和大学对学生的高要求矛盾就会少些。因为，预科教育具有"补"和"预"的两重性，"补"是指对预科生进行基础知识和基本技能的强化训练，提高学生的思想觉悟和文化知识水平，为进入本、专科学习打下良好的基础；"预"则是指根据预科生的心理特点和素质，按照高等教育的培养模式来要求，使其适应大学的学习方法、教学方法和生活环境，初步了解所升本、专科的学习内容，养成健康的心理和行为方式。只有把预科教育这个特殊层次搞好，普通高等教育才能得到健康的发展。

（四）民族预科教育的方针

发展民族预科教育，必须把贯彻执行党和国家统一的教育方针与贯彻执行党和国家的民族政策紧密结合，全面实施素质教育，不断提高办学质量和效益。根据民族预科教育的地位与作用，党和国家还制定了发展民族预科教育的16字方针："认真重视，加强领导，深入改革，提高质量"。方针要求如下：

（1）各地方政府、各职能部门及各高校，尤其是民族院校的领导，对办民族预科的必要性、重要性要有清醒的认识并引起足够的重视，要把民族预科教育当成我国民族院校教育特色的一个重要方面来体现，当成党和国家民族政策的一项重要内容来落实。不能把它当作一般的中学补习班，甚至当作包袱而不愿承担这项任务；

（2）在人力、物力、财力的投入上加大力度，切实改善民族预科教育教学条件；

（3）组织编写统一使用的教材，并引入竞争机制，加强预科管理；

（4）加强各高校民族预科教育的科学研究和学术交流，共同探讨办好预科的规律，努力提高教学质量。

（5）民族预科教育要适应全国高校目前所进行的面向21世纪教学内容和课程体系改革的需要，注重素质教育，注重学生创新能力的培养，注重学生个性的发展。

（五）民族预科教育的双重目标

民族预科教育对象的特殊性、教育性质的特殊性决定了其教育目标的特殊性。民族预科教育目标的双重性主要表现在以下两点：

（1）从近期看，是为高校输送一批各方面合格的少数民族预科新生。这就要求我们在预科阶段，根据少数民族学生的水平和特点，采取特殊的措施，努力提高预科生的思想政治觉悟和文化知识水平，加强基础知识、基本技能以及动口、动手、思维能力的训练，为预科生顺利升入本、专科学习打下良好的基础。

（2）从远期看，是为国家培养大批少数民族干部和各类专业技术人才，同时有目的、有意识地培养和造就一批少数民族的代表人物和各条战线的骨干。可以说，预科一年是打基础的一年、积蓄力量的一年、适应环境的一年、实现更大飞跃的一年。

第四节　广西民族预科教育

一、广西民族预科教育的创办与发展

广西民族预科教育创建于 1953 年，设在广西民族学院内，其前身是少数民族干部文化班（广西民族学院曾是中央民族学院分院），先后称为文化部、中学部、预科部、大学预科部。曾开过初中班、高中班、大学先修班。初中班在 1957 年前招收少数民族青年干部，后改为招收少数民族地区的小学毕业生；高中班从 1956 年起招收初中毕业生，三年后参加高考；大学先修班的招生对象是当年高考落选的高中毕业的少数民族学生，学习一年后，参加高考；"文化大革命"前，只有广西民族学院举办民族预科班，"文化大革命"期间，广西预科停办；1979 年恢复招生，预科后还要参加高考，实属高考补习班；1980 年起预科实行直升制。从那时候起，广西的民族预科教育经历了分散—集中—再分散—再集中办学等几个发展阶段。

第一阶段：1980 年 9 月—1982 年 6 月，为分散办学阶段，各学校招生的规模小，如广西民族学院（广西民族大学前身）每年只收文、理科各一个班，共 80 名预科生。

第二阶段：1982 年 9 月—1985 年 6 月，为小集中办学阶段。广西农学院、医学院（广西医科大学前身）、中医学院（广西中医药大学前身，下同）、桂林师院（广西师范大学前身）、南宁师院（广西师范学院前身）五所高校预科生集中在广西民族学院预科部学习，每年招生规模在 200 人左右。

第三阶段：1985 年 9 月—1992 年 6 月，为分散办学阶段。除广西中医学院预科班仍留在广西民族学院办学外，其余高校自办预科班，每年广西民族学院招生规模在 200 人左右。

第四阶段：1992 年 9 月—1993 年 6 月，为全区大集中办学的初级阶段。集中办学初期，广西中医学院、广西师范大学、广西农学院林学分院、右江民族高等师范专科学校（百色学院前身）、河池民族高等师范专科学校（河池学院前身）五所高校的预科班，首先集中在广西民族学院预科部办学，当年招生 370 人。

第五阶段：1993 年 9 月至今，为全区大集中办学阶段。除以上五所院校继续集中在广西民族学院办学外，广西大学、广西农业大学、广西医科大学、广西师范学院、右江民族医

学学院的预科班也全部集中到广西民族学院预科部办班。每年招生规模保持在 655 人左右（1999 年 9 月至 2000 年 6 月，招生人数减少 110 人）。除此之外，从 2001 年 9 月起，广西桂林医学院、工学院、电子学院以及玉林师范学院、柳州师专五所院校也分别招收预科生。当年，广西全区招收预科生 855 人。2003 年 7 月，广西壮族自治区人民政府转发区教育厅、区民委《关于加快我区高等学校少数民族预科教育发展实施办法》（桂政办发〔2003〕117号），对广西民族预科教育发展目标、发展措施作了九大规定。2004 年 6 月，广西民族学院预科部挂上了"广西少数民族预科教育基地"的牌子，同时区政府加大对民族预科教育的经费投入，依法保障民族预科生与普通本、专科生享受同等待遇，改善办学条件，力争把广西民族学院预科部建设成为国家级民族预科教育基地，从此广西民族预科教育进入了一个新的发展时期。2006 年 3 月，经教育部批准，广西民族学院升格为广西民族大学，2006 年 4月，广西民族学院预科部更名为"广西民族大学预科教育学院"，成为学校 12 个二级学院之一。至 2007 年，广西共有 14 所本科高等学校，即广西大学、广西师范大学、广西医科大学、广西民族大学、桂林电子科技大学、桂林医学院、广西中医学院、右江民族医学院、桂林工学院①、广西工学院、广西师范学院、玉林师范学院、河池学院、广西财经学院，在全区民族预科招生规模达 1 242 人。2011 年，集中在广西民族大学预科教育学院办学的高校由原来的 14 所增加到 24 所，学生人数由原来的 1 242 人增加到 1 384 人。1980 年至今，预科教育学院为全区有关高校输送合格本、专科新生 50 000 多人。

二、广西民族预科教育的招生政策、学制和直升分流

（一）广西民族预科教育的招生政策

目前，广西民族预科招收少数民族预科和普通民族预科两类学生，报读少数民族预科，必须满足四个条件，即"四个 100%"：100% 的广西少数民族，100% 的广西农业户口，100% 的广西应届高中毕业生，100% 的广西 60 个老、少、边、山、穷县（区、市）的高考考生。60 个老、少、边、山、穷县（区、市）包括罗城县、那坡县、凌云县、东兰县、凤山县、乐业县、巴马县、靖西市、都安县、融水县、西林县、大化县、金秀县、隆林县、三江县、德保县、田林县、马山县、天等县、环江县、龙胜县、上林县、富川县、昭平县、忻城县、隆安县、龙州县、田东县、河池市金城江区、蒙山县、宁明县、钟山县、武宣县、灌阳县、资源县、天峨县、田阳县、博白县、苍梧县、融安县、藤县、桂平市、兴业县、百色市右江区、贺州市八步区、南宁市邕宁区、大新县、上思县、陆川县、合山市、平果县、南丹县、宜州区、扶绥县、崇左市江州区、凭祥市、象州县、恭城县、防城港市防城区和东兴市。少数民族预科免收学费。普通民族预科生的招生录取对象为广西区内的少数民族高考学生，实行交学费上学。广西民族预科班的招生工作由区内各有关高校招生办根据区招生考试院核准的招生计划及有关政策负责，并发放录取通知书。

（二）广西民族预科教育的学制和直升分流

广西民族预科的学制为一年制，民族预科的专业方向根据在预科阶段的学习成绩和各方

---

① 桂林工学院：今为桂林理工大学。

面的表现确定。预科阶段结束后，学习成绩和各方面考核合格者，可直升高校本科，不合格者，自费重读一年，一年后仍不合格者，取消直升资格，退回原地区。

思考题

1. 什么是高等教育？
2. 什么是学历教育和非学历教育？我国高等学历教育的实施主体是什么？
3. 简述我国高等教育的层次和学位制度。
4. 简述我国民族预科教育的地位和作用。
5. 简述广西民族预科教育的招生政策、学制和直升分流情况。

第三章

大学生的心理健康

第一节　大学生的心理健康

　　健康的心理是大学生接受科学文化知识的必要条件，是大学期间正常学习、生活、工作的基本保证。把握心理健康的标准，了解大学生常见的心理问题，帮助大学生解决心理问题，提高大学生的心理发展水平，是高等学校促进大学生全面发展的重要内容。对于当代大学生来说，正确理解和把握心理健康的标准可以为学业成就、事业成功、生活快乐奠定良好的基础。

一、健康与心理健康

（一）健康新概念

　　人们关于健康内涵的认识，随着社会的发展以及人类自身认识的深化，正在发生着极大的变化，那种认为只要身体没有疾病、生理机能正常就等于健康的观念正在被一种"立体健康观"所替代，即健康应由心理尺度、医学尺度和社会尺度来评价，健康的概念已从传统的生物医学模式走向"生物—心理—社会"模式。1948 年，联合国世界卫生组织（WHO）成立时，其宪章中开宗明义地指出：健康不仅仅是没有疾病，而且是身体上、心理上和社会适应方面的完好状态或完全安宁。同时，WHO 提出了健康的十条标准：

　　（1）有充沛的精力，能从容不迫地应付日常生活和工作压力而不感到过分紧张；

　　（2）态度积极，乐于承担责任，不论事情大小都不挑剔；

　　（3）善于休息，睡眠良好；

　　（4）能适应外界环境的各种变化，应变能力强；

　　（5）能够抵抗一般性的感冒和传染病；

　　（6）体重得当，身材均匀，站立时头、肩、臂的位置协调；

　　（7）反应敏锐，眼睛明亮，眼睑不发炎；

　　（8）牙齿清洁无空洞，无痛感，无出血现象，牙龈颜色正常；

　　（9）头发有光泽、无头屑；

（10）肌肉和皮肤富有弹性，走路轻松匀称。

由这十条标准可以看出，健康包括身体和心理两方面的健康，二者相互影响，相辅相成，缺一不可。1989 年 WHO 又将健康的概念补充为：健康应包括生理、心理、社会适应和道德品质的良好状态。对于正在成长发展中的青少年学生而言，身体健康固然重要，但心理健康更有着其突出的地位。"心理健康是健康的一半"的理念正在被越来越多的人所接受。从对健康这一概念的讨论中可以看出，为了实现完满康宁的健康状态，不仅要讲究生理卫生，还要讲究心理卫生。那么，准确地认识心理健康的内涵和标准，有意识地规划、调整自己的心理发展，主动改善心理健康状态，就成了维护大学生心理健康的首要问题。

一般而言，心理健康的概念是指：个体的心理活动处于正常状态下，即认知正常，情感协调，意志健全，个性完整和适应良好，能够充分发挥自身的最大潜能，以适应生活、学习、工作和社会环境的发展与变化的需要。从广义上讲，心理健康是一种持续高效而满意的心理状态；从狭义上讲，心理健康是知、情、意、行的统一，是人格完善协调、社会适应良好的状态。

（二）心理健康的等级划分

人的心理健康状态并非静止不动的，而是始终处于变化发展当中的，处于动态平衡状态。这种动态平衡状态，是在主体与环境相互作用的过程中发生的。所以，这种动态平衡状态被打破，即心理健康状态被破坏，也是随时可能发生的。根据破坏的严重程度不同，可以将人的心理健康状态划分为四个等级，即健康状态、不良状态、心理障碍状态和心理疾病状态。

1. 健康状态

判断一个人是否处于心理健康状态，可以从本人评价、他人评价和社会功能状况三个方面分析。

（1）本人不觉得痛苦。即在一个时间段中（如一周、一月、一季或一年）快乐的感觉大于痛苦的感觉。

（2）他人不感觉到异常。即心理活动与周围环境相协调，没有出现与周围环境格格不入的现象。

（3）社会功能良好。即能胜任家庭和社会角色，能在一般社会环境下充分发挥自身能力，利用现有条件（或创造条件）实现自我价值。

2. 不良状态

不良状态是介于健康状态与疾病状态之间的状态，是正常人中常见的一种亚健康状态。它是由个人心理素质（如过于好强、孤僻、敏感等）、生活事件（如学习压力大、考试不顺利、失恋等）、身体不良状况（如疾病、劳累等）等因素所引起的。它的特点是：一般来说持续时间较短，能够很快通过休息、聊天、运动、旅游、娱乐等方式得到缓解，处于此状态的人并不怎么影响日常学习、生活和工作，他们只是感觉到"郁闷""没劲""不高兴""好累"。小部分人若长时间得不到缓解，可能形成一种相对固定的状态。这部分人应该去寻求心理医生的帮助，以尽快得到调整。

3. 心理障碍状态

心理障碍状态是因为个人及外界因素造成心理状态的某一方面或几方面发展的超前、停滞、延迟、退缩或偏离。它的特点是：

（1）不协调性。其心理活动的外在表现与其生理年龄不相称或反应方式与常人不同，如成人表现出幼稚状态（停滞、延迟、退缩）；儿童出现成人行为（个人的超前发展）；对外界刺激的反应方式异常（偏离）等。

（2）针对性。处于此类状态的人往往对障碍对象（如敏感的事、物及环境等）有强烈的心理反应（包括思维、信念及动作行为），而对非障碍对象可能表现得很正常。

（3）损害较大。此状态对其社会功能影响较大。它可能使当事人不能按常人的标准完成某项（或某几项）社会功能，如社交焦虑者（又名社交恐惧者）不能完成社交活动，锐器恐怖者不敢使用刀、剪，性心理障碍者难以与异性正常交往。

（4）需求助于心理医生。处于此状态者大部分不能通过自我调整和非专业人员的帮助解决根本问题，心理医生的指导是必需的。

4. 心理疾病状态

心理疾病状态是指由于个人及外界因素引起个体强烈的心理反应（思维、情感、动作行为、意志）并伴有明显的躯体不适感，是大脑功能失调的外在表现。其特点是：

（1）强烈的心理反应——可出现思维判断上的失误，思维敏捷性的下降，记忆力明显减退，头脑出现黏滞感、空白感、强烈自卑感及痛苦感，缺乏精力，情绪低落或忧郁，紧张焦虑，行为失常（如重复动作、动作减少、退缩行为等），意志减退，等等。

（2）明显的躯体不适感——由于中枢控制系统功能失调可能引起所控制的人体各个系统功能失调，如影响消化系统，则可出现食欲不振、腹部涨满、便秘等症状；影响心血管系统，则可出现心慌、胸闷、头晕等症状；影响内分泌系统，可出现女性月经周期改变、男性性功能障碍等。

（3）损害大——此状态下的患者不能或勉强完成其社会功能，缺乏轻松、愉快的体验，痛苦感极为强烈，"哪里都不舒服""活着不如死了好"是他们真实的内心体验。

（4）需心理医生的治疗——此状态下的患者一般不能通过自身调整和非心理科专业医生的治疗而康复。心理医生对此类患者的治疗，一般采用心理治疗和药物治疗相结合的综合治疗手段。在治疗早期通过情绪调节药物快速调整情绪，中后期结合心理治疗解除心理障碍，并通过心理训练达到社会功能的恢复以提高其心理健康水平。

二、大学生心理健康的标准

大学生的年龄一般在 18~25 岁，从心理学的观点来看，大学生正处于青年中期。大学生的心理具有青年中期的许多特点，但作为一个特殊群体，大学生又不能完全等同于社会上的青年。心理是否健康一般采用量表测量，其标准不是固定不变的。心理健康的标准随着时代的变迁、文化背景的变化而变化。根据我国大学生的实际情况，大学生的心理是否健康，应从以下几个方面来衡量：

（一）大学生智力正常且充分发挥

智力是指人认识问题、解决问题的能力，包括人的观察力、注意力、记忆力、想象力、创造力、思维能力和实践活动能力等的综合，是人在经验中学习或理解的能力、获得和保持知识的能力、迅速而又成功地对新情景作出反应的能力、运用推理有效地解决问题的能力等。智力正常是大学生学习、生活、工作最基本的心理条件，是大学生胜任学习任务、适应周围环境变化需要的心理保证，因此是衡量大学生心理健康的首要标准。一般来说，大学生的智力是正常的，甚至相对于同龄人来讲，其智力水平总体较高，因而衡量大学生的智力，关键在于看大学生的智力是否正常地、充分地发挥了效能。

大学生智力正常且充分发挥的标准是：有强烈的求知欲和浓厚的探索兴趣；智力结构中的各要素在其认识活动和实践活动中都能积极协调地参与并能正常地发挥作用，乐于学习。

此外，一些非智力因素包括理想、兴趣、爱好等也是构成心理健康的重要标准。

（二）情绪健康

情绪健康的主要标志是情绪稳定和心理愉快。这是大学生心理健康的一个重要指标。

因为情绪在心理变化中起着核心的作用，情绪异常往往是心理疾病的先兆。大学生的情绪健康应包括以下内容：

（1）愉快情绪多于不愉快情绪，一般表现为乐观开朗、充满热情、富有朝气、满怀信心、善于自得其乐、对生活充满希望；

（2）情绪稳定性好，善于控制和调节自己的情绪，既能克制约束，又能适度宣泄，不过分压抑，使情绪的表达既符合社会的需求，也符合自身的需要，在不同的时间和场合有恰如其分的情绪表达；

（3）情绪反应是由适当的原因引起的，反应的强度和引起这种情绪的情境相符合。

（三）意志健全

意志是人在完成一种有目标的活动时，所进行的选择、决定与执行的心理过程。意志健全者在行动的自觉性、果断性和自制力等方面都表现出较高的水平。

意志健全的大学生在各种活动中都有自觉的目的性，能适时地作出决定并运用切实有效的方法解决所遇到的各种问题，在困难和挫折面前能采取合理的反应方式，能在行动中控制情绪和言行，而不是顽固执拗、言行冲动、行动盲目、轻率鲁莽，或害怕困难、意志薄弱、优柔寡断。

（四）人格完整

人格在心理学上指个体比较稳定的心理特征的总和。人格完整就是指有健全统一的人格，即个人的所想、所说、所做都是协调一致的。大学生人格完整的主要标志如下：

（1）人格结构的各要素完整统一；

（2）具有正确的自我意识，不产生自我同一性混乱；

（3）以积极进取的人生观作为人格的核心，并以此为中心把自己的需要、愿望、目标和行为统一起来。

（五）自我评价正确

正确的自我评价乃是大学生心理健康的重要条件。大学生是在与现实环境和他人的相互关系中、在自己的实践活动中认识自己的。一个心理健康的大学生对自己的认识应比较接近现实，有"自知之明"，对自己的优点感到欣慰，但又不至于狂妄自大；对自己的弱点既不回避，也不自暴自弃，而是善于正确地自我接受。

（六）人际关系和谐

社会的人总是处在一定的社会关系中，大学生也同样离不开与人打交道。和谐的人际关系既是大学生心理健康不可缺少的条件，也是大学生获得心理健康的重要途径。大学生人际关系和谐的表现如下：

（1）乐于与人交往，既有稳定而广泛的人际关系，又有知心朋友；

（2）在交往中保持独立而完整的人格，有自知之明，不卑不亢；

（3）能客观评价别人和自己，善于取人之长、补己之短；

（4）宽以待人，乐于助人；

（5）积极的交往态度多于消极的交往态度；

（6）交往动机端正。

（七）适应能力强

较强的适应能力是心理健康的重要特征，不能有效处理与周围现实环境的关系是导致心理障碍的重要原因。心理健康的大学生，应能和社会保持良好的接触，对社会现状有较清晰正确的认识，思想和行动都能跟得上时代的发展步伐，与社会的要求相符合。当发现自己的需要愿望与社会的需要发生矛盾时，能迅速进行自我调节，以求和社会的需要协调一致，而不是逃避现实，更不是妄自尊大、一意孤行，与社会的需要背道而驰。

（八）心理行为符合大学生的年龄特征

在人的生命发展的不同年龄阶段，都有相对应的不同的心理行为表现，从而形成不同年龄阶段的心理行为模式。大学生应具有与年龄和角色相应的心理行为特征。心理健康的大学生精力充沛、思维敏捷、情感活跃，与之相适应，行为上应该表现为朝气蓬勃、热情洋溢、生龙活虎、反应敏捷、勇于探索、勤学好问。如果出现那种所谓的"少年老成"、萎靡不振、喜怒无常，或过于幼稚、过于依赖等现象，都是心理不健康的表现。总之，若经常严重地偏离这些心理行为特征，则有可能是心理异常的表现。

（九）能够有效地学习和工作

大学生应该乐于学习和工作，对学习和工作抱有积极的态度，并充满自信，能将自己的智慧和能力运用到学习和工作中去，从中获得一种满足。学习对于大学生来说是一种乐趣，而不是负担，因为学习的成功会给他们带来喜悦，使他们振奋，这种喜悦之情转而又增加他们对学习和工作的兴趣，使他们向着更高的目标奋进。心理健康的大学生不应因学习、生活中的挫折而产生困惑、焦虑、绝望等情绪障碍，即使遇到困难和阻力，也能够想方设法克服和排除。而对学习没有兴趣，不能正常学习，或者把学习看成负担，怨天尤人，苦闷失望，其聪明才智得不到正常发挥，可视为心理不健康的表现。

三、正确理解大学生心理健康的标准

正确理解和运用大学生心理健康的标准应注意以下几个方面：

（一）心理健康的状态具有连续性

心理不健康是指一种持续的不良状态，一个人偶然出现不健康的心理和行为，并不等于心理不健康，更不等于已患心理疾病。因此，不能仅从一时一事简单地对人对己作出心理不健康的结论。

（二）心理健康的标准具有相对性

心理健康的标准不像生理健康的标准那样具体、精确和绝对。在许多情况下，异常心理与正常心理、变态心理与常态心理之间没有绝对的界限，只有程度上的差异。

（三）心理健康的状态具有动态性

随着人的成长、经验的积累、环境的改变，心理健康的状况也会有所改变。既可以从不健康转为健康，也可以从健康转变为不健康。

（四）心理健康的标准是一种理想目标

心理健康的标准是一种理想目标，它不仅为我们提供了衡量心理是否健康的标准，而且为我们指明了提高心理健康水平的努力方向。每一个人在自己现有的基础上作不同程度的努力，都可以追求心理发展的更高层次，不断发挥自身的潜能。

四、心理健康对大学生的意义

身心健康是人们开展一切活动的保证，心理健康对大学生来讲有十分重要的意义。

（一）心理健康是身体健康的保证

人的心理活动和生理活动是密切相关、相互依存的，不存在无生理活动的心理活动，也不存在无心理活动的生理活动。生理健康是心理健康的基础，而心理健康反过来又能促进生理健康。有关研究表明，人体内有一种最能促进身体健康的力量，即良好的情绪的力量。如果善于调节情绪，经常保持心情愉快，可以达到未雨绸缪、有病早除的效果。长寿学者胡里夫指出："一切对人不利的影响中，最能使人短命和夭亡的是不良的情绪和恶劣的心境。"人们都有这样的经历：当生理上有病时，会情绪低落、焦躁不安、容易发怒，而当面临某种压力（如考试）紧张焦虑时，则会食而无味、胃口大减、头痛失眠。研究表明：情绪主宰健康。强烈或持久的不良情绪，如烦躁、忧愁、焦虑、多疑、愤懑、冷漠、恐惧、失望等，最终会导致生理疾病。

（二）心理健康是完成学业、全面发展的保证

古希腊哲学家赫拉克利特指出："如果没有健康，智慧就难以表现，文化无从施展，力量不能战斗，财富变成废物，知识也无法利用。"而阿拉伯有谚语："有了健康就有了希望，有了希望就有了一切。"健康是人生的第一财富。对作为天之骄子的大学生来说，心理健康更是学业成就、事业成功、生活快乐的基础。

（三）心理健康是减少心理障碍的保证

大学生作为社会上最活跃、最有知识的人群，他们的生理和心理在迅速地变化，处于成熟与不成熟之间。而现实生活中，大学生又面临着竞争、社会责任等各方面的压力。随着社会的发展，人们所承受的心理负荷会相应增加，人们所感受到的矛盾和冲突也会增加，同时大学生生活中的人际关系的复杂化等不良应激性刺激也对大学生个体构成心理压力。如果个体不能作出适应性反应，就可能使心理失调，引起一系列负性情绪，如迷茫、烦躁、失望、

忧虑、悲伤、恐惧、愤怒以及失望等。这种状况持续下去，就可能导致心理障碍、行为异常。心理健康对大学生有效抗御心理疾病、提高学习效率、完成学习任务、提高人际交往水平和生活质量，有重要的作用。在现实生活中，每个人都应对自己的健康负责，积极地通过各种途径提高自己的心理健康水平。

第二节　培养健全的人格

心理健康与健全的人格息息相关，因此，大学生要有健康的心理，必须培养健全的人格。人与人之间存在很多差异，有些人性情温和，有些人冲动急躁，有些人自私自利，有些人公而忘私。即使是同一个人，有时候也会表现出单纯善良的一面，有时候又表现出虚伪自私的另一面。这些不同之处就是人格在我们心理特征上的具体表现。人格是一个丰富而复杂的心理成分，它凝聚着先天遗传、家庭、教育与社会文化等方面的个体风貌。人格的成熟意味着个体心理的成熟，人格的魅力展示着个体心灵的完善。

一、人格概述

（一）人格的概念

人格是一个有着多种含义的概念，几乎每个人都经常使用这一术语，但对它的实际含义却有不同的看法，无论是在日常生活中还是在诸多学科领域中，"人格"一词的运用都十分广泛，但含义有所不同。人类学认为，人格既是人区别于动物的特点，又指在不同地域、民族、文化环境中人的素质、能力、知识、风俗、习性等方面的差异；在法学和法律规范中，人格是指享有法律地位的人，人格标志着人的尊严和自由，诽谤、侮辱他人人格是违法的；在心理学上，人格是指人较为稳定的心理素质和特征的总和，表现为人的个性等方面；在伦理学上，人格是指品德、道德、品性；在哲学上，人格侧重于对人的本质的研究，即人的理性和自我意识。

我们认为，所谓人格，就是人的各种心理特性的总和，也是各种心理特性的一个相对稳定的组织结构，既包括外在的行为及其表现，也包含内在的心理状态和精神面貌。它是个体的人在社会生活中呈现出的整体的或综合的状态与方式。人格是先天与后天综合作用的结果，它在社会生活中形成和体现，既可获得也可丧失，既可能健康也可能病态，同时也有完整与分裂、高尚与卑下、健全与缺损等差别。人格是一个人的生理、心理和社会行为诸方面综合的整体概念，是一个人的内在品质和外在行为的总和，是人在社会化过程中形成的特有的自我，在不同的时间和地点，它都影响着一个人的思想、情感和行为，使他具有区别于他人的独特的心理品质。每个人的人格中都会有不良的成分，人只有了解了自己人格中的不足，才能加以改正，使自己的人格日趋完善。

（二）人格结构

人格是一个复杂的结构系统，它包括许多成分，其中主要包括气质与性格、认知风格、自我调控系统等方面。

1. 气质与性格

1）气质

气质是表现在心理活动的强度、速度、灵活性与指向性等方面的一种稳定的心理特征。

即我们平时所说的脾气、秉性。人的气质差异是先天形成的，受神经系统活动过程的特性所制约。孩子刚出生时，最先表现出来的差异就是气质差异。气质是人的天性，无好坏之分。

2）性格

性格是一种与社会相关最密切的人格特征，包含许多社会道德含义。性格表现了人们对现实和周围世界的态度，并表现在人的行为举止中。性格主要体现在对自己、对别人、对事物的态度和所采取的言行上，表现了一个人的品德受人的价值观、人生观、世界观的影响。这些具有道德评价含义的人格差异，我们称之为性格差异。性格是在后天社会环境中逐渐形成的，是人最核心的人格差异。性格有好、坏之分，能最直接地反映出一个人的道德风貌。

2. 认知风格

认知风格是指个人所偏爱使用的信息加工方式，也叫认知方式。例如有人喜欢与别人讨论问题，从别人那里得到启发；有人则喜欢自己独立思考。认知风格有许多种，主要有场独立型和场依存型、冲动型和沉思型、同时型和继时型等。

1）场独立型和场依存型

场独立型的人在信息加工中对内在参照有较大的依赖倾向，他们的心理分化水平较高，在加工信息时，主要依据内在标准或内在参照，与人交往时也很少能体察入微。而场依存型的人在加工信息时，对外在参照有较大的依赖倾向，他们的心理分化水平较低，处理问题时往往依赖于"场"（外在环境），与别人交往时较能考虑对方的感受。

2）冲动型和沉思型

在日常生活中，有的人反应非常快，但往往不够准确，这种反应称为冲动型；而有的人反应虽然很慢，但却仔细、准确，这种反应称为沉思型。冲动型的人反应虽快，但往往出现很多错误，这主要是因为他们在解决问题时没有审查全部问题和可能的答案就匆匆解答，沉思型的人则相反，他们喜欢深思熟虑，在行为过程中常表现出比冲动型的人更为成熟的行为方式，解决问题的答案也相对准确。

3）同时型和继时型

同时型认知风格的特点是在解决问题时，采取宽视野的方式，同时考虑多种假设，并兼顾到解决问题的各种可能性。继时型认知风格的特点是，在解决问题时，能一步一步地分析问题，每一个步骤只考虑一种假设或一种属性，提出的假设在时间上有明显的前后顺序。

3. 自我调控系统

自我调控系统是人格中的内控系统或自控系统，具有自我认知、自我体验、自我控制三个子系统，其作用是对人格的各种成分进行调控，保证人格的完整、统一、和谐。

1）自我认知

这是对自己的洞察和理解，包括自我观察和自我评价。自我观察是指对自己的感知、思想和意向等方面的觉察，自我评价是指对自己的想法、期望、行为及人格特征的判断与评估。这是自我调节的重要条件。因此，恰当地认识自我、实事求是地评价自己，是自我调节和人格完善的重要前提。

2）自我体验

这是伴随自我认识而产生的内心体验，是自我意识在情感上的表现。当一个人对自己作积极的评价时，就会产生自尊感，作消极的评价时，会产生自卑感。自我体验可以使自我认识转化为信念，进而指导一个人的言行，自我体验还能伴随自我评价，激励适当的行为，抑制不适当的行为，如一个人在认识到自己不适当的行为后果时，会产生内疚、羞愧的情绪，进而制止这种行为的再次发生。

3）自我控制

自我控制是自我意识在行为上的表现，是实现自我意识调节的最后环节。如一个学生意识到学习对自己发展的重要意义，会激发起努力学习的动机，在行为上表现出刻苦学习、不怕困难的精神。自我控制包括自我监控、自我激励、自我教育等成分。

（三）人格的基本特征

1. 人格的整体性与综合性

人格的整体性与综合性是指包含在人格中的各种要素相互联系、互相渗透、相互制约，构成了一个综合的有机整体。它具有内在的一致性，虽然不能直接观察到，却表现在行为上，让人的各种行为所表现出来的特征是一个整体，体现了一个人独特的精神风貌。所以通常我们谈论一个人的人格时，多半只用一两个最突出、最明显的特征来代表，如说某人顽强、果断，说某人大方或吝啬等。一个人的人格结构各方面彼此和谐一致时，就会呈现出健康的人格特征；否则，就会使人发生心理异常，产生各种适应困难，甚至出现人格分裂。

2. 人格的独特性与共同性

人格的独特性是指人与人之间没有完全相同的心理面貌，就像世界没有完全相同的树叶一样。每个人都有自己的人格，每个人的人格都有自己的独特性。"人心不同，各如其面"。由于遗传、家庭教育、学校教育、周围社会环境、时代背景等方面的差异，人格的形成和发展必然会各不相同。如大学新生在适应新环境方面，因为个体的经历、性格等差异，会形成适应感和不适应感、自信和自卑等多种心态，进而影响到个人的人格发展、变化。上述诸多因素综合在一起，就会渐渐形成各具特色的人格特征。

3. 人格的社会性和生物性

人出生之时只是一个生物学意义上的个体，这时人与人之间的差异性纯粹是生物学的或遗传学的。但出生也就意味着人从一个简单的生理环境进入一个复杂的社会环境之中，要掌握所处社会的行为道德规范、价值观念、信念体系、社会风俗等。因此，人既是一个生物实体，又是一个社会实体，人格的形成既要受生物学规律的制约，又要受社会因素的制约。人格的形成可以说是一个人由生物实体向社会实体转化的过程，即个体社会化的过程。所谓社会化，是个人在与他人交往中逐步掌握社会经验和行为规范，获得自我的过程。每个人的人格都会打上他所处时代的烙印，不同社会的政治、经济、文化对个体有不同的影响，使人格带有明显的社会性。离开人类的社会生活，人的正常人格就无法形成和发展。

4. 人格的稳定性和可塑性

人格具有相对稳定性，因为人格是在长期社会实践经历中逐渐形成的。正所谓"江山易改，本性难移"。人在行动上偶然的表现并不能代表他的整体人格，只有在实践中比较稳定的经常表露出的心理特征，才能显示其人格。如一个很外向的人，偶然的时间、地点表现得很内向，不能因此说他是内向型的人。同时，人格的稳定性是相对的，也就是说，人格并非一成不变的，它具有可塑性。由于人格的特征是在生活实践中逐渐形成的，随着社会生活条件的变化和一个人的发展成熟，人格也会有所变化。生活中的重大事件，如丧失配偶、迁居异地等，往往会使一个人的人格发生突变。意志坚强的人通过自我教育，也可能改变自己的人格。

二、健全人格的标准

健全人格的标准又可分为概括的标准和具体的标准。从总体上看，人格健康的人应该是在推动社会进步的实践中充分发挥自己的全部才干，为人类、为社会作出自己力所能及的贡献，同时使自己的人格各方面得到充分、协调、平衡发展的人。从具体特征讲，健康人格应具有以下标准：

（一）和谐的人际关系

人际关系是在社会交往中建立的，最能体现一个人人格健康的程度。人格健康的人乐于与他人交往，能与别人建立良好的关系，与人相处时，尊敬、信任等正面态度多于嫉妒、怀疑等消极态度；人格健康的人常常以诚恳、公平、谦虚、宽容的态度尊重他人，同时也受到他人的尊重和接纳。和谐的人际关系既是人格健康水平的反映，同时又影响和制约着健康人格的形成和发展。

（二）良好的社会适应能力

社会适应能力反映了人与社会的协调程度。人的社会适应能力是在社会化过程中不断发展的。人格健康的人能和社会保持良好的、密切的接触，以一种开放的态度，主动关心社会，了解社会，观察所接触到的各种事物和现象，看到社会发展的积极面和主流，在认识社会的同时，使自己的思想、行为跟上时代的发展，与社会的要求相符合，能很快适应新的环境。

（三）乐观向上的生活态度

人格健全的人对生活往往具有乐观的态度。积极的人生态度是人类在社会实践中获得的本质力量的表现。乐观的人常常能看到生活的光明面，对前途充满希望和信心，对自己从事的工作或学习抱有浓厚的兴趣，并在工作中和学习中充分发挥自己的智慧和能力，获得成功。即使在生活中遇到困难和挫折，也能耐心地去应付，不畏艰险，勇于拼搏。相反，悲观的人常常看到生活的阴暗面，对任何事情都没有兴趣，心情沉重，遇到一点挫折就情绪低落，怨天尤人，甚至自暴自弃。

（四）正确的自我意识

自我意识是个体对自己与他人、与周围世界关系的认识。自我意识是一个完整的心理结构，表现在认识上就是正确地认识自己、客观地评价自己；表现在情感上就是自尊、自信，有自豪感、责任感；表现在意志上就是能够自我监督、自我调节，努力发展身心潜能。具有健康人格的青少年学生对自己有恰如其分的评价，充满自信，扬长避短，在日常生活中能有效地调节自己的行为，与环境保持平衡。缺乏正确自我意识的人常常表现为自我冲突、自我矛盾，或者自视清高、妄自尊大，做力所不能及的工作；或者自轻自贱、妄自菲薄，甘愿放弃一切可以努力的机遇。

（五）良好的情绪调控能力

情绪对人的活动、对人的健康有重要影响。积极的情绪体验能使人振奋精神，增强人的信心，提高人的活动效率；消极的情绪体验会降低人的活动效率，长期积累甚至能使人生病。情绪标志着人格的成熟程度。人格健康的人情绪反应适度，具有调节和控制情绪的能力，经常保持愉快、满意、开朗的心境，并富幽默感。当消极情绪出现时，能合情合理地宣泄、排解、转移、升华。

三、人格障碍的特点及类型

（一）人格障碍及其特点

1. 人格障碍的定义

一般来说，一个人只要能与外部环境相适应，就具有正常的人格。而少数人不能适应社会环境，在待人接物、为人处事、情感反应及意志行为上表现出与常人格格不入或不相协调的情况，给人一种"脾气古怪"的感觉，有人格障碍的人，他们的人格称为"病态人格"，它是指不伴随有精神症状的人格缺陷，没有认知障碍和智力障碍情况下的情绪、行为方面的异常。

2. 人格障碍的主要特征

（1）一般都始于青春期。人格障碍从儿童期就有发端，到青春期开始显著，可塑性较大，所以青春期前不能轻易诊断下结论。

（2）有紊乱不定的心理特点和难以相处的人际关系。认为自己对别人无责任，总是把责任和错误归于他人。

（3）常带着猜疑、仇视看问题，总无事生非，弄得左邻右舍鸡犬不宁，自己则泰然自若，从不以为自己有什么不妥或疾病需要求救于人。

（二）人格障碍的表现类型

1. 偏执型人格障碍

其典型特征是明显的猜疑和偏执。特点是主观、固执、敏感、多疑、心胸狭隘、报复心强。具体表现为两点：

（1）骄傲自大，自命不凡，总以为自己怀才不遇，自我评价甚高。

（2）在遭遇挫折、失败时，过分敏感，怪罪他人，很容易与他人发生冲突与争执。把生活中本来与自己无关的事件都认为是针对自己的，对现实生活中或想象中的耻辱特别敏感、多疑。

2. 分裂型人格障碍

这种类型的人格障碍以观念、行为、外貌装饰奇特、情感冷漠、人际关系明显缺陷为主要特征。有这种人格障碍的人对生活缺乏热情和兴趣，对喜事缺乏愉快感，对人冷淡，缺乏知音，我行我素，很少与人来往，过分沉迷于幻想。

3. 强迫型人格障碍

这种人格障碍以要求严格和完美为主要特点，有这种人格障碍的人做事过分谨慎与刻板，事先反复计划，事后反复检查，不厌其烦；平时犹豫不决，优柔寡断；不合理地坚持要求别人严格服从或按照他们的方式做事，否则就极不愉快；过分谨慎、刻板，无业余爱好，缺乏愉快和满足体验，较易内疚或悔恨自己。

4. 冲动型人格障碍

这种人格障碍又称爆发型或攻击型人格障碍，是一种以行为与情绪有明显冲动为特征的人格障碍，发作前没有先兆，不考虑后果，不能自控，易与他人发生冲突；发作后能认识到自己不对，间歇期一般表现正常。

5. 反社会型人格障碍

这种人格障碍又称悖德型人格障碍，以行为不符合社会规范为主要特点。有这种人格障碍的人感情冷淡，对人缺乏同情、漠不关心，缺乏正常的爱；挫折耐受性差，轻微刺激即可引起冲动性行为；即使给别人造成痛苦，也很少感到内疚，缺乏罪恶感，因此常发生不负责任的行为，甚至是违法乱纪的行为，屡教不改。

6. 依赖型人格障碍

有这种人格障碍的人缺乏独立性，感到自己无助、无能和缺乏精力，生怕被人抛弃；将自己的需要依附于别人，过分顺从别人的意志；要求和容忍他人安排自己的生活，当亲密关系终结、联系中断或孤独时则有被毁灭和无助的体验，易与他人发生冲突；有一种将责任推给他人来对付逆境的倾向。

7. 癔症型人格障碍

这种人格障碍又称表演型人格障碍，其典型的特征表现为心理发育的不成熟性，特别是情感的不成熟性。具有这种人格障碍的人最大的特点是做作、情绪表露过分、总希望引起别人的注意。

8. 焦虑型人格障碍

这种人格障碍又称回避型人格障碍，有这种人格障碍的人的特征是长期和全面地脱离社会关系。他们回避社交，特别是涉及较多人际关系的职业活动；他们害怕被取笑、嘲弄和羞辱，自感无能；过分焦虑和担心，怕在社交场合被批评和拒绝。

（三）大学生常见人格发展缺陷及调适

在大学生中，人格障碍极少，主要表现为人格发展缺陷。人格发展缺陷是介于健康人格与人格障碍之间的一种人格状态，表现为人格发展的不良倾向。大学生中有相当一部分人存在着不同程度上的人格发展缺陷，常见的主要有自卑、害羞、怯懦、懒惰、狭隘、拖拉、抑郁、焦虑、虚荣、自我中心等。

1. 自卑

自卑是对自己不满、鄙视、否定的情感。进入大学后，有些大学生发现"山外有山"，尤其是当自己在学习、社交、文体方面显露出某些不足时，就会陷入怀疑自己、否定自己的状态，产生自卑心理。因此，自卑往往是自尊心受挫的结果，没有自尊心，也就不会有自卑感，过强的自卑感往往又以过强的自尊心表现出来。有些大学生敏感、脆弱，经不起批评，原因即在于此。

如何才能摆脱自卑的阴影？首先，大学生要正确认识自己，悦纳自己，人有所长也有所短，人有所短也有所长，不要因自己的所短而自卑。其次，要进行自信心磨炼，将目标定得小些、切合实际些，多积累成功的愉悦体验。再次，要确立合理的评价参照系和立足点，若以强者为标准，则可能自卑。因而寻找适合自己的评价标准就显得很重要。俗话说："人比人，气死人。"理性的比较方式是多与自己做纵向比较，而不是一味地与别人作横向比较。有了足够的自信心，自卑感就会悄然而退。

2. 害羞

害羞在大学生中并不少见，比如不敢在大众场合发表意见，害怕与陌生人打交道，路上见到异性同学会手足无措，见到老师会难为情，说话感到紧张等。害羞是一个人自我防御心理过强的结果，他们常常过于胆小被动，过于谨小慎微，过于关注自己，自信心不足。他们特别注意自己在别人心目中的形象，总觉得自己时时处在众目睽睽之下，十分敏感拘束，一句话要在喉咙中反复多次，做事总要左思右想，为此搞得自己神经紧张，坐立不安。

害羞之心人皆有之，但过分的害羞，不该害羞时害羞，尤其当害羞成了一种习惯时，则是有害的，它会导致压抑、孤独、焦虑等不良心理状态，还会阻碍人际交往，影响一个人才能的正常发挥。因此，要通过有意识的调节来改变。

（1）要增强自信心。许多害羞者在知识才能和仪表方面并不比别人差。美国心理学家J·奇和W·布曼的一项研究表明，害羞的女大学生自以为长得不美，但不相识的男生凭照片都认为她们与那些社交活跃的女生一样动人。因此要正确评价自己，多看到自己的长处。

（2）要放下思想包袱，不要过分计较别人的议论。每个人都会说错话、做错事，这并没什么大不了的，因为没有完美的人和事。即使有人议论也是正常的，俗话说："哪个人后无人说。"没必要太看重。"走自己的路，让别人去说吧"会使自己变得更洒脱。

（3）要有意识地锻炼自己。胆量和能力都是锻炼的结果，要敢于说第一句话，敢于迈第一步。上课、开会时尽量坐到前排去；走路时抬头挺胸，把速度提高四分之一；主动大胆地和别人尤其是陌生人、异性、老师讲话；与人说话时，正视对方的眼睛；高兴时，开怀大笑，等等。

3. 怯懦

怯懦主要表现为缺乏勇气和信心，害怕可能面临的困难和挫折，在挫折、困难面前常常知难而退，甚至不战而败，有些大学生过去的经历一帆风顺，因而特别害怕失败。"只能成功，不能失败"的非理性心理是造成一些大学生怯懦的认知因素。有些大学生由于胆怯，不敢与人讲话，不敢出头露面，也不敢表明自己的态度，甚至不敢向老师提问题；有些大学生由于软弱不敢冒风险，不敢担重任，不敢与坏人坏事作斗争，不敢坚持自己正确的观点。但越这样回避矛盾、躲避失败，越容易体验到强烈的挫折感。

在挑战与机遇并存的现代社会，怯懦者会失去很多成功的机会，并可能成为落伍者。积极迎接挑战、争做生活的强者才是明智的选择。改变怯懦的最好办法是要敢于抓住机遇，积极锻炼，不怕失败，不怕丢面子，不怕担子重，多给自己鼓励和加压力，在生活的词典中去掉"不敢"二字。

4. 懒惰

青年学生本应是充满朝气和活力、开拓进取的群体，但事实并不总是如此。大学校园内曾经流行着这样的打油诗："人生本该快乐，何必整天学习，只要考试通过，拿到文凭就走。"许多大学生也以"九三学社"成员自称，这从一个侧面反映了他们疲疲沓沓、得过且过、做一天和尚撞一天钟、缺乏进取精神的懒惰心理。懒惰是不少大学生感到苦恼又难以克服的一种人格发展缺陷，是意志活动无力的表现。懒惰是影响大学生积极进取、张扬青春活力的天敌，尤其是在改革开放、日新月异的今天，它与时代是那么格格不入，必须予以改变，否则有被时代淘汰的危险。处于懒惰状态的大学生也常因此感到内疚、自责、后悔，但又觉得无力自拔，心有余而力不足，这主要是因为他们往往想得多而做得少，缺乏毅力。要克服懒惰，应充分认识到其危害性，自己对自己负责，振作精神，"坐而言不如起而行"，从日常小事做起，并努力做到不给自己找借口，不原谅自己的偷懒，力争"今日事今日毕"；多与人交往，多关心外部世界，多参加有益身心的社会活动。而做到这一切，有一个坚定而有价值的理想是非常重要的。

5. 狭隘

受功利主义影响，大学生中的狭隘现象有增无减。凡事斤斤计较、耿耿于怀、好嫉妒、好挑剔、容不得人等，都是心胸狭隘的表现，即日常说的"气量小"。心胸狭隘往往影响人际关系，伤害他人感情，也常给自己带来烦闷、苦恼，影响自己的情绪和在他人心目中的形象，因此，于人于己有百害而无一利。狭隘人格多见于内向者，尤其是女性。克服狭隘，一要胸怀宽广坦荡，一切向前看，正如歌德所言："比海洋更广阔的是天空，比天空更广阔的是心灵"；二要丰富自己，一个人的视野越开阔，就越不会陷入狭隘之中，这就是所谓的"站得高，看得远"；三要学会宽容，宽以待人。

6. 拖拉

拖拉是不少大学生的通病。拖拉是指可以完成的事而不能及时完成，今天推明天，明天推后天，正所谓"春天不是读书天，夏日炎炎正好眠。秋多蚊虫冬又冷，一心一意待明年。"导致拖拉的原因，一是试图逃避困难的事；二是目标不明确；三是惰性作用。拖拉一方面耽误学习、工作；另一方面并没有使人因此而轻松，相反往往会导致心理压力，引起焦虑，总觉得有事情没完成，干别的事也难以安心，还会贻误时机。

改变拖拉，首先，要充分认识其危害性，找到自己拖拉的原因，下决心改变。其次，要科学安排时间，凡事有轻重缓急，要一件一件地完成，还要讲究科学的学习和工作方法。再次，要敢于做不合心意或者需要花大力气的工作，必须完成的事，与其拖着、欠着，还不如及早动手干，完成后会有一种如释重负的感觉，会有一种欣喜感、满足感、成就感，而拖拖拉拉只会带来疲惫、松垮及焦虑。

7. 抑郁

抑郁是大学生常见的情绪困扰，是一种感到无力应付外界压力而产生的消极情绪，常伴有厌恶、痛苦、羞愧、自卑等情绪体验。抑郁人皆有之，对于大多数人来说，抑郁只是偶尔出现，时过境迁，很快会消失。但那些性格内向、多疑多虑、不爱交际、生活中遭遇意外挫折的人更容易长期处于抑郁状态，甚至导致抑郁症。

抑郁的大学生的主要表现是：情绪低落、郁郁寡欢、闷闷不乐、思维迟缓、兴趣丧失、缺乏活力、反应迟钝、干什么都打不起精神、体验不到快乐。抑郁在低年级大学生中更为普遍。所谓的"周末综合征"，在很大程度上就是抑郁。

要避免抑郁或从抑郁中解脱出来，就需要正确地评价自己，看清自己的长处，建立自尊，增强自信；调整认知方式，建立理性认知，不把事物看成非黑即白；扩大人际交往，多与人沟通，多交朋友。如果抑郁情绪较严重，应寻求心理咨询帮助。

8. 焦虑

焦虑是个体主观上预料将会有某种不良后果产生或模糊的威胁出现时的一种不安感，并伴有忧虑、烦恼、害怕、紧张等情绪体验。在这个紧张刺激不断增多、竞争不断增强的社会里，每个人都可能处于一定的焦虑状态。适度的焦虑对于保持生命活力是必要的，这里所说的焦虑主要是指不适当的高度焦虑。

被焦虑困扰的大学生常表现出烦躁不安、思维受阻、行动不灵活、身体不舒服等症状。

大学生焦虑主要集中在考试和人际关系两个方面。我国大学生的考试焦虑是由对考试的紧张感、自信心缺乏、对考试结果过于担忧、认知障碍等因素造成的，而且女生比男生更易焦虑。一般认为，大学生对人际关系的焦虑与缺乏自信、交往技能差（或自认为差）、自尊心过强等密切相关。

不适当的高度焦虑对身心健康是不利的。为此，应增强自信，相信车到山前必有路，总会有办法的；应不怕困难，磨炼意志，所谓的担忧正是焦虑之本质；应当机立断，积极行动。总之，凡事尽最大的努力，把注意力从担心失败转移到积极行动、争取成功上来。

9. 虚荣

可以说，虚荣心普遍存在于每一位大学生身上，尤其是女生身上，这是正常的，但过分虚荣，则有害无益。虚荣心往往与自尊心、自卑感联系在一起，没有自尊心，就没有虚荣心，而没有自卑感，也就不必用虚荣心来表现自尊心，虚荣心是自尊心和自卑感的混合物。虚荣心强的大学生一般性格内向、情感脆弱、多愁善感，虽然自惭形秽，却又害怕别人伤害自己的尊严，过分介意别人的评论与批评，与人交往时总有一种防御心理，不允许有稍微侵犯，且常会千方百计地提高自己的形象。他们捍卫的往往是虚假的、脆弱的、不健康的自我，以至无暇来丰富、壮大真实的自我。

防止或改变过强的虚荣心，首先，要对其危害性有清醒的认识，有勇气、有决心改变自己。其次，应当努力认识自己，了解自己的长处与短处，扬长避短。再次，要树立自信和健康的荣誉心，正确表现自己，不卑不亢。最后，要不为外界的议论所左右，正确对待个人得失。

10. 自我中心

随着自我意识的发展，大学生越来越感到自己内心世界的千变万化、独一无二。他们越来越多地把关注的重心投向自我，尤其是那些有较强自信心、自尊心、优越感、独立感的学生，就更容易出现自我中心倾向。当这种倾向与一些不健康的思想意识（如个人主义、自私自利思想）和心理特征（如过强的自尊心、唯我独尊等）结合时，就会表现出过分的、扭曲的自我中心。过分自我中心的人往往以自我为核心，想问题、做事情从"我"出发，不能设身处地地进行客观思考，颐指气使，盛气凌人，不允许别人批评，"老虎屁股摸不得"。这种人往往见好就上，见困难就让，总认为对的是自己、错的是别人，因而他们常不能赢得他人的好感和信任，人际关系多不和谐。

克服过分自我中心的途径包括以下几条：

（1）树立健康的人生观，自觉地将自己和他人、集体结合起来，走出自己的小天地；

（2）恰当地评价自己，既不低估，也不高估，既不妄自菲薄，也不妄自尊大；

（3）尊重他人，只有尊重和信任才能获得友谊；

（4）设身处地地从他人的角度思考问题，将心比心，真诚地关爱他人，从而做到"我爱人人，人人爱我"。

四、培养健全人格的途径

人格是一个人心理品质的反映，人格健全的人，能够较好地适应环境，积极乐观地去改善环境，适应快节奏的生活，高效率地学习，与大多数人的心理意向一致，行为符合社会群体要求。当代大学生是21世纪的主人，他们的人格健康与否对其本身的发展和社会的进步都具有重要意义。当代大学生具有很强的可塑性，大学时期是大学生健康人格塑造的关键时期。塑造健全人格的主要途径有以下几条：

（一）要培养良好的人格品质

性格决定命运。一个意志薄弱、缺乏克服困难勇气的人，是不能成大才、当大任的，所以我们要培养自信、开朗、勇敢、热情、勤奋、坚毅的人格品质。

（二）从小事做起，优化自己的人格

"不积小流，无以成江海。"许多人所具有的优秀品格都是一点一滴形成的，从小事做起，是每个人努力的起点。乐观的人常常能看到生活的光明面，对前途充满希望和信心，对自己所从事的工作或学习抱有浓厚的兴趣，并在其中发挥自身的智慧和能力。即使在遇到困难和挫折时，也能不畏艰险，勇于拼搏。

（三）要融入集体

马克思说："只有在集体中，个人才能获得全面发展其才能的手段。"通过与他人交往，可以看到别人的长处，弥补自己的短处，并从他人那里获得理解、肯定。人格健康的人乐于与他人交往，并与他人建立良好的关系，受到他人的尊重与接纳。

（四）养成良好的习惯

习惯很重要，好的习惯使人立于不败之地，坏的习惯却足以毁掉人的一生。在生活方面，我们要不断地培养良好的习惯。在做人方面，要养成真诚待人、诚实守信、认真负责、自信自强的良好习惯；在做事方面，要养成遵守规则、讲究效率、友善合作的良好习惯；在学习方面，要养成主动学习、独立思考、学用结合、总结反思的好习惯。与此同时，要不断地与坏习惯决裂，不要让恶习损害我们的身体，不要让随地吐痰、随手乱丢垃圾、出口成脏、不注意仪表礼仪等恶习损坏我们的形象，不要让拖拖拉拉、马马虎虎、浪费时间等恶习

影响我们的生命质量，不要让迷恋网络、浮躁浅薄等恶习污染我们的心灵。在生命的过程中，只有不断地"日三省吾身"，不断地除去那些妨碍我们走向完善的荆棘，我们才能有康庄大道可走，才能不断地缩小与成功的差距，逐步形成自己健康的人格，直至获得成功。

（五）正确认识自我，合理整合人格，克服人格弱点

知道自己的长处与不足，进而有目的、有意识地去扬长避短，不断完善自己的性格和气质，做自己气质、性格的主人。从自知之明到自我完善的过程，也是气质和性格的自我悦纳过程。

（六）主动调控情绪，保持愉悦开朗的心境

大学生要通过参加集体活动、看名人传记、找人倾诉等方式主动调控情绪，保持愉悦开朗的心境。

（七）积极参加集体活动，提高交际技能

在多元化的今天求同存异，培养自己开放的人格、博大的胸襟。目前大学生中的独生子女占有相当大的比例，家庭的教育和社会所形成的矛盾也比较复杂。而面对多元化的环境因素和各式各样的心理压力源，大学生应努力培养自己求同存异、有容乃大的博大胸襟，一个人如能做到这样，必然能形成和谐的人际氛围，并产生健康的人格动力。

（八）加强意志力磨炼，培养良好的情操

自觉主动地控制自己的行为，培养经受挫折的耐受力，不盲目冲动，不消极低沉。意志的培养是一个艰苦、长期坚持不懈的过程。"有志者事竟成"，任何人都没有理由看轻自己，更不能怀疑自己以至于自暴自弃。当代的大学生更应顺应时代的进步，"读万卷书，行万里路"，始终保持乐观的生活态度。

大学生正处于学习的黄金年龄，除了学好基础课、专业课外，还应该培养自己的爱好，加强素质方面的学习和提高，从而达到陶冶情操、优化人格的效果。例如练习书法，可以净化心灵，稳定情绪，克服急躁心理；练习下棋，可以开拓智力，活跃思维；加强运动，可以磨炼意志等。

总而言之，当代青年追求卓越的人生，必须具备健康的人格，因此，了解人格形成与发展的规律，掌握塑造健康人格的途径和方法，才能使人格素质趋于完美，创造更加辉煌的人生。

第三节　做情绪的主人

在生活中，情绪是人的心理状态的晴雨表，也是衡量心理健康的指标之一，反映着每个人内在的心理状态。无论我们欣喜若狂，还是悲恸欲绝，是孤独不安，还是热情奔放，我们都在体验着各种各样的情绪。

大学生正处于青春期，情绪波动较大，情感体验复杂而丰富，经常会面临各种各样的情绪困扰。其实真正的问题并不在情绪本身，而在情绪的表达方式上，如果能以适当的方式在适当的情境表达适度的情绪，就是健康的情绪管理之道。

一、情绪的概念

什么是情绪呢？心理学界有很多定义，一般而言，情绪是指人们在内心活动过程中所产生的心理体验，或者说，是人们在心理活动中，对客观事物是否符合自身需要的态度体验。情绪同人的需要和动机有着密切的关系，当人的某种需要得到满足或没有得到满足时，人将会产生愉快或者难过等主观感受。因此，情绪是客观事物是否符合个体的需要所产生的态度体验，是人们对客观事物与人的需要之间关系的反映。

情绪是有方向的，即有正向（性）情绪与负向（性）情绪之分。快乐与愉悦是最主要的正向情绪，是为人们带来心理享受的重要来源；与之相反的，最主要的负向情绪是痛苦，它是人类最普遍的负向情绪。引起大学生负向情绪的主要诱因是失败与重大丧失，如人际冲突、失恋、学习障碍、考试失败等因素。

二、情绪的分类

情绪是复杂的、各种各样的，难以有统一的划分方法，主要可以概括为以下几种：

（一）基本情绪

从情绪形成与发展的角度，可将情绪分为基本情绪与社会情绪，基本情绪主要是指与人的生理需要相联系的内心体验，如人的恐惧、焦虑、满足、悲哀等。人的基本情绪在幼年时期就已经形成了，更带有先天遗传的因素。

（二）社会情绪

社会情绪是指与人的社会性需要相联系的情绪反应，表现为一种较为复杂而又稳定的态度体验，例如人的善恶感、责任感、羞耻感、内疚感、荣誉感、美感、幸福感等，是后天随着人的成长而逐步发展和形成的。社会情绪是在基本情绪上形成和发展起来的，同时又通过基本情绪表现出来。大学生在大学阶段，更多的是形成和丰富自己的社会情绪的感受和体验时期。

三、情绪的要素

情绪的复杂性远非语言所能完整表达，关于复杂的情绪及其现象，心理学家通常归结为三个方面，即情绪的生理反应、内省的情绪体验和外在的情绪表现。

（一）情绪的生理反应

在不同的情绪下，人的身体各系统器官都会发生相应的生理变化，如人的心律、血压、呼吸和内分泌、消化等系统都会产生相应的变化。例如，人在焦虑状态下，会感到呼吸急促、心跳加速；在恐惧状态下，则会出现身体战栗、瞳孔放大；在愤怒状态下，会出现汗腺分泌加剧、面红耳赤等生理现象，这些变化都是受人的神经系统支配的生理反应。

（二）内省的情绪体验

简单地说，这是人对情绪状态的自我感受。人的不同情绪生理状态必然反映在人的知觉上和人的意识中，从而形成人的不同的内心体验。如人在受到伤害时，会感到痛苦；在好友聚合时，会感到快乐；在面临危险境地时，会产生恐惧；当自己的某些需要得到满足时，会感到幸福愉快。内省的情绪体验是人脑对客观环境和客观现实的重要反映之一，这种反映形式不同于认知活动，它不是对客观事物本身的反映，而是带有主观色彩的反映。

（三）外在的情绪表现

情绪不仅体现为生理反应和内心情绪体验，而且会直接体现在人的外在行为表现中，主要体现在人的表情、语态和行为过程中。面部表情最直接地反映着人的情绪状态，人们可以通过一个人的面部表情的变化，来了解一个人的情绪状态。例如，当发生了使自己高兴的事情时，人的脸上不由自主地会喜笑颜开；当遇到解决不了的困难时，人会愁容满面。体态行为同样反映着一个人的情绪状态，如坐立不安、手舞足蹈、垂头丧气等词语都是很形象的表述。语音和语调同样也会反映情绪状态，如悲伤时会出现语调低沉、言语缓慢、断断续续；兴奋时会语调高昂、抑扬顿挫、清晰有力。

四、情绪的基本状态

（一）心境

心境是一种微弱、弥散和持久的情绪，即平时说的心情。心境的好坏，常常是由某个具体而直接的原因造成的，它所带来的愉快或不愉快会保持较长的时间，并且把这种情绪带入工作、学习和生活中，影响人的感知、思维和记忆。愉快的心境让人精神抖擞、感知敏锐、思维活跃、待人宽容；而不愉快的心境让人萎靡不振，感知和思维麻木、多疑，看到的、听到的全都是不如意、不顺心的事物。

（二）激情

激情是一种猛烈、迅疾和短暂的情绪，类似于平时说的激动。激情是由某个事件或原因引起的当场发作，情绪表现猛烈，但持续的时间不长，并且牵涉的面不广。激情通过激烈的言语爆发出来，是一种心理能量的宣泄，从一个较长的时段来看，对人的身心健康的平衡有益，但过激的情绪也会使当时的失衡产生可能的危险。特别是当激情表现为惊恐、狂怒而又爆发不出来的时候，如果出现全身发抖、手脚冰凉、小便失禁、浑身瘫软等症状，那就得赶快送医院了。

（三）应激

应激是机体在各种内外环境因素及社会、心理因素刺激时所出现的全身性非特异性适应反应，又称为应激反应。这些刺激因素称为应激原。应激是在出乎意料的紧迫与危险情况下引起的高速而高度紧张的情绪状态。应激的最直接表现即精神紧张，指各种过强的不良刺激，以及对它们的生理、心理反应的总和。应激或应激反应是指机体在受到各种强烈因素（应激原）刺激时所出现的非特异性全身反应，是所有对生物系统导致损耗的非特异性生理、心理反应的总和。

五、大学生的不良情绪

情绪是人对事物的态度体验，是人的需要获得满足与否的反应，是人对客观现实的一种反应形式。情绪的长期紧张和焦虑往往会降低人体抵抗细菌和其他引发疾病因素的能力，尤其是气愤和懊恼的情绪是引起许多心身性疾病的主要原因。"笑一笑，十年少；愁一愁，白了头"，形象生动地说明了情绪与健康的关系。那么，大学生常见的不良情绪有哪些呢？

（一）烦恼

人人都会有烦恼的时候，大学生也是如此。失恋、考试不及格、同学关系不和、经济拮据，等等，都可能成为烦恼的内容。烦恼都是有明确的对象和具体的、现实的内容的，重要的并不是烦恼本身，而是能否从烦恼中解脱出来。情绪健康的人并不是没有烦恼的人，他们能够把"我不要烦恼"的愿望转变为"我要快乐"的有效行动，从烦恼中摆脱出来。烦恼使他们永不满足现状，烦恼使他们不断进取。情绪不健康的人则相反，他们的烦恼程度与摆脱烦恼的实际行动往往成反比。他们往往不明确自己应当怎么办，行动缺少目标，陷入烦恼的陷阱而不能自拔。

（二）沮丧

这是一种常见的轻微发作的抑郁症。一般来说，自尊心极强、缺乏抑制力或对不幸和生活的艰难缺乏准备的人，都会有不同程度的沮丧表现。在一生中，人都会偶尔感到沮丧。如果对其放任不管，延误治疗，会使病情进一步恶化，极有可能转为慢性抑郁症。主要症状有灰心丧气、长吁短叹、慨叹命运的不公、时运的不济；对什么事都提不起兴趣，整天无精打采，封闭自己，给自己构筑一个小天地，在那里责备自己，怨恨自己，自信心下降，疏于与外界沟通，孤寂、悲观；不能正确面对现实，总想逃避现实，看不到未来的希望，观念固执，在那里自我品尝苦果。

（三）消沉

消沉是一种极其消极的情绪，一般是由于外界事物强烈刺激所引起的，比如，失恋、失业、高考落榜等可能使人的心理失衡，进而对人生和未来产生悲观绝望情绪。主要表现为情绪明显低落，对什么都不感兴趣，心里烦躁，悲观、忧郁；有的还伴有生理上的反应，如头痛、失眠、厌食、消化不良等；压抑自己的情绪，不让它表现出来或发泄出来，精神萎靡，身心疲劳，工作、学习效率降低。

（四）厌倦

人在情绪不佳时，最常见也是最有危害的表现之一就是什么也不想做。一个人"什么也不想做"的外在表现来源于思维模式的偏见。人的思维、情绪和行动三者是相互作用的，而所有的感情行为都受自身的思维方式和态度的影响。所以，要弄清自己为什么什么也不想做，就要到思想深处去挖根子。症状表现为对整个世界感到不屑或厌烦，想自杀，什么事都不想做，整天就想睡觉；不理解生活到底是为什么，对生活的意义感到迷茫，找不到自己在生活中的位置，自我同一感失去，莫名其妙地焦虑、矛盾和情绪消沉。

（五）焦虑

焦虑与烦恼有区别。在反应程度上，焦虑要比烦恼严重。烦恼是有明确的对象和具体内容的，而焦虑常常是没有明确的对象和具体内容的，也就是通常所讲的莫名其妙的惊恐。焦虑者常表现出焦虑不安，来回走动，不由自主地震颤或发抖，还常伴有身体不适感，如出汗、口干、呼吸困难、心悸、尿急、尿频、全身无力等。焦虑者一般不会承认其焦虑是没有对象和内容的。他们往往把焦虑附着于某一偶然事件上。但是他们焦虑的严重程度与这些偶然事件的刺激程度常常是不相称的。焦虑与烦恼的另一个不同点在于，烦恼主要是针对过去和现状的，而焦虑一般则是面对未来的可能性的恐惧心理。焦虑者总是生活在对未来可能发生的危害的恐慌之中，如考试前的焦虑、毕业前对就业的焦虑等。

（六）抑郁

抑郁和焦虑是有密切关系的两种情绪障碍，症状相似。但从等级上划分，抑郁较之焦虑处于更高等级。抑郁的主要表现是：

（1）兴趣减退甚至丧失；

（2）对前途悲观失望，好像一切都已无可挽回；

（3）强烈的无助感，不仅感到自己对处境无能为力，而且感到他人对自己也无济于事；

（4）心情低落，筋疲力尽，无法振作；

（5）自我评价下降，即自卑感增强，或自信心下降，而且在这种自我评价下降的过程中常隐含有过高的追求；

（6）感到生活或生命本身没有意义或没有目标，还常伴随着自责自罪，甚至产生自杀念头或采取自杀行动。

（七）易激惹

所谓易激惹，是指容易发火、发怒、过分急躁，"一触即跳"，对于一般的或很轻微的刺激产生剧烈的情绪反应。易激惹的人有以下几个特点：

（1）好打抱不平；

（2）看什么都不顺眼；

（3）发怒后常常后悔，后悔的同时又有委屈感。易激惹常常危害人际关系，而人际关系紧张常常又使易激惹趋向恶化。

大学生中易激惹现象较常见，在寝室、饭堂、舞场、足球场等场所，常见因一些琐碎小事引起的激烈纠纷，其中与有的学生的易激惹情绪障碍有关。

（八）冷漠（无聊）

冷漠也是一种情绪障碍，表现为对外界的任何刺激都无动于衷，无论是悲、欢、离、合、爱、憎，都漠然视之。冷漠者初期主要认为生活没有意义，心情平淡，出现抑郁状态；随后逐渐发展到强烈的空虚感，内心体验日益贫乏，不愿进行抉择和竞争，缺乏责任感和成就感。平时面部表情平淡呆板，行动无生气、懒散，对他人的奋斗进取精神不理解。

大多数的大学生在情绪活动上不会达到严重程度，但是，不可否认的是，具有上述情绪异常的轻微性反应或倾向性反应的并不是极个别人。如果不重视个人情绪调适，久而久之，轻微的症状也可能发展到严重的病态，甚至成为习惯的病态。因此，积极地预防和调节不良情绪反应，养成良好的健康的情绪行为，对于每一位大学生来说，都是非常重要的。

六、培养良好的情绪

（一）培养良好的情绪的作用

大学生的消极情绪来自大学生的生活、学习，这些消极情绪反过来又会影响大学生的生活、学习，过多的消极情绪，会使大学生的自我控制能力下降，办事效率降低，甚至会影响大学生的自我评价能力，从而造成大学生的心理障碍和心理疾病，有时会使大学生作出失去理智的行为。积极的情绪在心理健康中扮演着极为重要的角色，有时甚至占主导地位，对于大学生来说，积极的情绪是十分重要的。一般来说，不良情绪的产生是不可避免的。但是我们应该及时地去清除和克服，努力减少不良情绪带来的伤害和影响。

（二）在日常生活学习以及与他人交往的过程中调节情绪的方法

1. 必须正确认识自己

既要发现自己的优点和长处，也要正视自己的缺点和不足。全面认识现实，既要看到事物的积极方面，也要善于从消极方面总结经验和教训。正确看待这个世界，正与负同时存在，让自己有一个良好的心态。

2. 要有良好的生活规律、生活习惯

身体是革命的本钱，无论做什么事，身体健康都是一个非常重要的条件，而身体的健康状况也会影响情绪。

3. 认真开心地生活，对于生活要投入

对于生活中的事物，要持乐观态度，明确自己的奋斗目标，而这个目标必须是明确可行的，进而一步步向自己的目标前进，去创造自我价值，增强自己的自信。

4. 谨慎行事，切忌盲目冲动

大学生的情绪还处于不稳定期，凡事应该三思而后行，克服盲目行动，避免造成不良后果。

5. 要懂得适当地宣泄情绪

当自己有不良情绪时，要采取适当的方式宣泄，不要太压抑自己，可以找朋友或亲人倾诉，或用听音乐、唱歌、运动等各种方式发泄。

6. 和朋友聊天、娱乐

这可以使你暂时忘记烦恼，而与曾经有过共同愉快经历的人聊天则能使你回忆起当时愉快的感觉。

7. 环境调节

美丽的风景使人心情愉悦，而肮脏的环境会使人烦躁。当情绪不好时，可以选择一个环境优美的地方，在优美的大自然中，心情自然而然会得到放松。还可以去那些曾经开心过的地方，记忆会促使你想起愉快的事情。

8. 认知调节

人之所以有情绪，是因为我们对事情作出了不同的解释，对每件事情，不同的人观点不同，会产生不同的情绪反应。所以我们可以通过改变我们的认知，来改变我们的情绪。比如说你因为每件事烦躁时，可以对事情进行重新评价，从另外一个角度看问题，改变我们刻板看问题的方式。

9. 回避引起情绪的问题

如果有些引起情绪的问题我们既不能改变自己的观点，又不能解决，就可以选择逃避问

题，先暂时避开问题，不去想它，待情绪稳定时，再去解决问题，而且有时候问题的解决方案会在从事其他事情时不经意地想出来。

大学生的心理水平正处于发展阶段，这个阶段的人的情绪具有多变性的特点，学会控制自己的情绪，学会处理不良情绪，是大学生的必修课程之一，这对大学生将来的发展具有重大影响，这也是大学生成才的必要因素之一。

第四节　大学民族预科学生常见的心理问题及调适

一、大学民族预科学生常见的心理问题

（一）心理问题的含义

心理问题也称心理失衡，指所有心理及行为异常的情形，是正常心理活动中的局部异常状态，不存在心理状态的病理性变化，具有明显的偶发性和暂时性，常与一定的情境相联系，常有一定的情境诱发，脱离该情境，个体的心理活动则完全正常。心理问题疾病，它是由人的内在精神因素，准确地说，是大脑中枢神经控制系统所引发的一系列问题，它会间接改变人的性格、世界观及情绪等。心理的"正常"和"异常"之间并没有明确的和绝对的界限，一般认为，人的心理及行为是一个由"正常"逐渐向"异常"、由量变到质变，并且相互依存和转化的连续谱。因此，生活在现实社会中的每一个人都在一定程度上存在心理问题，即人的心理问题是普遍存在的，只是程度不同而已。

（二）常见的心理问题

情绪消沉、心情不好、焦虑、恐惧、人格障碍、变态心理等消极的与不良的心理，都是心理问题。民族预科生是高等教育特殊层次的大学生，由于各种原因，他们存在着这样或那样的心理问题，主要表现在以下几个方面：

1. 自卑心理

自卑心理是指人们由于各种原因对自己的品质、智力、能力等感到怀疑并作出过低评价所产生的心理感受。在教育教学过程中，我们发现广西民族预科生有比较强烈的自卑心理，究其原因，主要有以下几点：

（1）广西民族预科生觉得自己是大学预备性质的学生，在高考录取时属于降分录取通过照顾才能上大学的那一群准大学生，因此，每每与直接考上本科的高中同学相比，总感觉低人一等，甚至有"无脸见江东父老"的心态，从而产生自卑心理。

（2）由于广西民族预科生都来自老、少、边、山、穷地区，家庭经济一般比较困难。进入大学后，现代都市的灯红酒绿，唤起了他们追求时尚的欲望。当经济贫困的部分民族预科生在与身着名牌、用钱大手大脚、来自城市或者来自富裕地区的本科学生一起搞活动或交往时，自觉寒酸，显得格格不入。此时，时尚与落后、富有与贫困的强烈反差使他们产生自卑心理。

（3）在预科学习一段时间后，部分民族预科生在与同班或周围的同学相比较时，发现自己不仅成绩不好，能力素质也与其他同学有差距，没有什么特长，原来高中时代那种因学

习好而"高人一等"的优越感荡然无存，感觉由高中时的"优等生"似乎一下子变成了"差等生"，心理落差很大，从而产生自卑心理。

2. 焦虑心理

焦虑是由心理冲突或挫折引起的复杂情绪反应，是在日常生活中，因预感到困难将要到来或有祸事降临，感到没有把握、无能为力而又无法有效地加以预防和解决，从而产生的一种担心、紧张的情绪。由于广西民族预科生只是准大学生，要成为真正的大学生，还必须经过严格考试，合格以后才能成为一名真正的大学生，否则还有可能被退回原籍。而且，由于广西民族预科生入学时没有确定升上本科后所读的专业，而是到结业时才确定的，每个预科生直升本科时要选什么专业和能够选上什么专业，主要根据直升高校提供什么专业和学生本人的学习成绩和其他方面的综合测评来确定，因此，预科生在预科学习期间，对自己结业时能否顺利直升本科以及能否选上自己认为所谓的热门专业，存在着焦虑心理。随着结业时间的临近，这种心理越发强烈。

3. 抑郁心理

抑郁心理是人们比较常见的一种心理失调症，是人们感到无力应付外界压力而产生的一种消极情绪。许多广西民族预科生来到预科班读书后，发现自己再也不像高中那样是班上学习的佼佼者，很少得到老师和同学的表扬，心里总感觉有些失意，总想使自己的学习成绩和各种能力在很短时间内得到很大的提高，而且能够超过其他同学，再次找回高中那种受人尊敬的感觉。但是，由于各种原因，即使经过一段时间的努力，但总感觉自己的学习成绩还是上不去，甚至比原来还差，感觉在强手如林的班集体里，要"出人头地"是何等的艰难，似乎自己已无能为力。在这种情况下，如果得不到正确的引导，这些学生就容易产生抑郁心理。

4. 封闭心理

自我封闭是指个人将自己与外界隔绝开来，很少或根本没有社交活动，除了必要的工作、学习、购物以外，大部分时间将自己关在家里或没有人的地方，不与他人来往或很少来往。自我封闭者都很孤独，没有朋友，甚至害怕社交活动，因而是一种环境不适的病态心理现象。许多民族预科生由于自己的经济拮据，生怕在与别人交往中被人看不起。同时由于自己没有明显的特长，也不乐意参加学生社团活动，而且民族预科生由于自卑心理较强，生性害羞、性格内向，因此他们一般不主动与别人交往，不愿向别人敞开心扉，这种封闭心理在民族预科生中比较普遍。许多民族预科生的交往圈往往仅限于一起来预科读书的原高中同学或老乡，与其他班的同学甚至同班、同宿舍的同学交往甚少，这就是一个很好的例证。

二、维护心理健康的方法

健康心理的维护可以说是现代人必须注重的一项心理教育内容，也是预防心理异常、心理疾患的最好办法。要维护自身的心理健康，大学生首先要从自身做起，从现在做起，关注自身的心理健康。

（一）培养良好的思想品质

对于大学生来讲，保持心理健康的重要途径之一是注意培养良好的思想品质，增强自己的"免疫"能力。因为在生活环境中，影响心理健康的因素大量存在，预防心理疾病、开发心理潜能、优化心理素质的关键是培养科学的思想品质。那些容易出现心理问题的人常常在世界观、人生观等基本思想方法上存在缺陷，这成为心理障碍产生的内在因素。

1. 树立正确的人生观和价值观

人生观影响着人生的方向和道路，决定着人生的意义与价值。有了科学的人生观和价值观，人就能对社会、对人生、对世界上的事物持正确的态度，就能正确地体察和分析事物，从而做到冷静而稳妥地处理事情；同时也能心胸开阔、保持乐观主义精神，提高对心理冲突和挫折的耐受能力。

2. 调整自我认知方式

一个人对事物错误的认知方式将会影响人的心理健康。大学生要学好各种知识，建构合理的知识结构，尤其是要掌握唯物辩证法和唯物史观这两把"金钥匙"，只有这样，在面对众多困难和问题时才能分清轻重缓急，抓住主要矛盾和矛盾的主要方面，各个击破，而不至于产生极度焦虑，感到手足无措。

（二）坚持健康文明的生活方式

生活方式是指人们在日常生活中遵循的行为规范，即习惯化了的生活方式。健康的心理与健康的身体密不可分。对大学生而言，健康的生活方式包括：合理作息，起居有常，早睡早起，充足睡眠；平衡膳食，坚持吃早餐；体重保持正常水平；科学用脑，实行时间管理，提高学习效率，劳逸结合，有张有弛，避免用脑过度；积极休闲，选择文明高雅的休闲娱乐方式，愉悦身心；适量运动，积极参加体育锻炼，不吸烟、不喝酒；处理好恋爱关系，把握好爱情的度。大学生不文明的生活方式有网络沉溺、暴饮暴食、节食瘦身、晚睡晚起，饮食不规律、不从事体育运动、抽烟酗酒、做危险动作等。

（三）完善人格，控制情绪

人格的健全是心理健康的重要组成部分，大学生应当正确评价客观事物，正确对待自己与他人；善于管理情绪，情绪反应适度正常，体验正常的情绪情感，主动适应社会环境与学校生活。遭遇困境或受挫出现消极的情绪时，不要逃避，要正视消极情绪，要明白它是一种正常的反应；冷静下来，对受挫及不良情绪产生的原因仔细地进行客观剖析和认真体验，以便有的放矢地找出最佳的解决方案。此外，要敢于表达或暴露自己的情绪，这样才能有针对性地和有效地驾驭与控制它。否则，盲目地压抑和掩饰，既影响了自身情绪系统的健康发展，又不利于良好人格的重塑。

（四）投身实践活动

大学生应当积极主动地参加各类实践活动，包括参加社团活动、兴趣小组、社会考察、生产实习、毕业实践、勤工俭学、参观学习等，在活动中全面提高自身素质，通过群体交往活动，理解人与人之间的关系，体验友谊与沟通的快乐，开阔视野，并寻找广泛的社会支持。当面临挫折与压力时，广泛宽厚的社会支持会帮助大学生走出沼泽地，走向开满鲜花的岁月。

（五）坦然面对，广泛阅读心理辅导书籍

心理健康也跟身体健康一样，在人的一生中难免会遇到这样那样的问题，出现心理困惑只是成长的正常状态，没有问题，哪有成长可言，因而不必大惊小怪、怨天尤人。有针对性地阅读与心理相关的书籍，对于一般性的心理问题都能起到一定的缓解作用。

（六）改变不合理的信念

合理的信念产生合理的情绪行为方式，不合理的信念则产生不合理的情绪行为反应。可以借助理性的思考方式，纠正不正确或不合理的信念，以消除情绪困扰和行为异常。需要注意的不合理信念有以下几种：

1. 对自己的不合理要求

"我必须出色地完成所做的事情，赢得别人的赞赏。否则，我会认为自己是一个毫无价值的人。"在这种情况下（给自己提出的是难以达到的），因失败（在所难免）而失望（感到受不了），由此产生情绪障碍。理性的人应当注意到，一件事没做好，并不能说明自己一无是处，而只说自己在这件事情上办糟了。

2. 对他人的不合理要求

"人们必须善意对待我，并以我所希望的方式来对待我。否则，社会应该对他们那种轻率之举给予严厉的谴责、诅咒和惩罚。"事实上这种无理要求是行不通的。理性的人都懂得尊重他人，不会要求他人以自己的意志为转移，这样，就会避免消极情绪的产生。

3. 对周围环境及事物的不合理要求

"我周围的环境与条件，必须是安排得良好的，以便我能很舒服地、很快地、很容易地得到每一种我想得到的东西，而我不想要的东西一件也碰不到。"世界上各种事物都有其各自的运动规律，不可能凡事都顺着个人心意。理性的人一般都会尽可能地去改善周围环境以适合自己的需要，如果确实不能改变，就需努力去正视并接受这个事实。

（七）自我暗示

自我暗示是指自己将某种观念暗示给自己，靠思想、语词等对自己施加影响以达到心理卫生、心理预防和心理治疗的目的。一个人如果故意对他人说心情不好，见一个人就说"我心情不好，别碰我"，说得多了，他真的就心情不好了。积极的自我暗示将形成一种强烈的心理定式，并引导潜在动机产生行为。每个人都会有不顺的时候，试着在最不开心和失败时对自己说："这是最糟糕的了，不会再有比这更倒霉的事发生了。"既然"最糟糕的事"都已经发生了，还有什么可怕的呢？既然已经到了最低谷，那么以后就该否极泰来。当你在最不顺利的时候给自己这样的心理暗示时，既会增强心中的安全感，也会给自己以信心。比如，面临紧张的考试，反复告诫自己"沉着、沉着"；在荣誉面前，自敲警钟"谦虚、谦虚"；在遭遇挫折时，安慰自己"要看到光明，要提高勇气"等。学习自我暗示，需要坚强刚毅的意志，要对自我及自我暗示有坚定不移的信心，并在实践中进行锻炼，使自我暗示得到恰如其分的应用。

（八）合理宣泄

通过适当的途径将压抑的不良情绪释放出来。宣泄要适度，方式须合理，不可违反社会公序良俗。不择方式与不顾后果的尽情宣泄可能会把事情弄得更糟，增添新的烦恼。合理宣泄通常可以用以下方式进行：

1. 学会倾诉

当产生不良情绪时，朋友们聚一聚，煮一壶清茶，把积郁的消极情绪倾诉出来，以便得到别人的同情、开导和安慰；也可以通过书信、电话等间接形式达到同样的效果。

2. 高声唱歌

放开喉咙高声唱那些平时自己最喜欢唱的，且唱得最好又有气势的歌曲，是排除紧张、激动情绪的有效手段。歌的旋律、词的激励、唱歌时有节律的呼吸与运动，都可以缓解紧张情绪。

3. 哭出声来

从医学角度讲，短时间内的痛哭是释放不良情绪的最好方法，是心理保健的有效措施，因为人在情感激动时流出的泪会产生高浓度的蛋白质，它可以减轻乃至消除人的压抑情绪。当痛苦悲伤时，流泪会使人内心感到舒畅一些，如果低声饮泣不能减轻悲痛，那就索性哭出声来。

4. 大声呼喊

可以吼叫（在室内面壁）或呼喊（到操场大声呼喊，吐出胸中的郁闷）。

5. 文体活动

听音乐、参加娱乐或体育活动均为宣泄的好方法。有时骂人也无妨（在无第三者的情况下，大声痛骂某一个使你备受屈辱者）。

6. 以静制动

在不妨碍他人的情况下默默地侍花弄草，观鸟赏月，或舞文弄墨，垂钓河边，这种看似与排除不良情绪无关的行为恰是一种以静制动的独特的宣泄方式，它以清静雅致的态度平息心头怒气，从而排除沉重的压抑，这种方式往往是知识型社会成员的选择。

（九）树立职业奋斗目标

大学预科虽然是大学的预备阶段，但是明确的职业目标非常重要，它牵涉到预科生未来的职业发展方向，也是学习的方向，如果没有明确的职业奋斗目标，就不会有科学的职业规划，没有规划，就没有充实的学习过程和充足的学习动力，生活也会显得十分迷茫，得过且过，不知道为什么要学习、学什么，这样，学习就会十分被动，人生也显得没有意义。

（十）建立广泛的人际交往

人际交往是人生幸福与成功的必要保障，人际交往包括亲情、友情、爱情各方面的交往与维护，只有建立广泛的人际交往，才能获得健康而又幸福的生活，才能摆脱一些不必要的心理障碍，发展健全的人格与良好的性格。

（十一）不要避讳心理咨询

对于严重的、难以排解的心理问题，也可寻求专家咨询及心理卫生机构的帮助。现代生活中，由于学习与生活压力大，或多或少有一些心理方面的困惑是很正常的，当心理有一定的困惑而自己又无法调节与克服的时候，求助于心理专业咨询是一个可行的方法，也是一种正常的现象，大可不必感到难堪，应当改变传统的避讳心理咨询的不良观念。

思考题

1. 什么是心理健康？评价大学生心理健康的标准包含哪些内容？
2. 健全人格的标准有哪些？大学生如何培养健全的人格？
3. 大学生如何控制自己的情绪？
4. 从自身的角度来讲，民族预科生如何保持心理健康？

第四章

学会人际交往

自有人类开始，人际交往也就产生了。我国古代思想家荀子说过："人生不能无群。"古罗马哲学家西塞罗也说过这样的话："假如一个人独自升天了，他看到宇宙的大观，他看到群星灿烂，但他并不会感到快乐，他必须找到一个人，诉说他所见的奇景，他才快乐。"交往使人类产生了语言，发展了思维，启迪了智慧；交往使人们结成一定关系，共同从事物质产品和精神产品的生产，从而推动了社会的进步；交往使一个自然的人最终变成了一个社会的人，使一个生物学意义上的人变成了一个心理学意义上的人。卡耐基集众多人成功之经验发现：一个人的成功，15%靠专业知识和技能，85%靠人际交往。由此看来，人际交往的成败在很大程度上决定着人们生活和事业上的成败。因此，有理想、有追求的当代大学生，应当高度重视人际交往，掌握人际交往的原理、技巧，通过人际交往的实践，努力锻炼、提高自己的人际交往能力和水平，建立和谐的人际关系，为自己未来的美好事业和幸福生活奠定坚实的基础。

第一节　人际交往概述

一、人际交往的含义与心理因素

（一）人际交往的含义

人际交往作为日常生活用语，是指人们为了相互传递信息、交换意见、表达感情和需要等目的，运用语言、行为等方式进行的人际联系和人际接触的过程。它是一个多角度、多层面的概念。从动态的角度看，人与人的交往大致可以分为以下三个层面：

1. 物质层面的交往，即物质交往

具体表现为金钱、货物的交换，以及劳动力的交换，反映人与人之间、人群之间一定的经济利益关系。人生在世，要解决衣食住行等生活问题，要创造和获得物质财富，就必须和他人发生经济、物质交往行为。

2. 知识信息的交流

这是人们借助语言和非语言的媒介所实现的知识、信息的共享，是思想观念的沟通过程，也是口头与非口头的交际过程。这种信息交流与物质交流明显不同。对于他们的不同，英国著名作家萧伯纳曾经打了个很好的比方。他说假如你有一个苹果，我有一个苹果，彼此交换后，双方还是只有一个苹果。但是，如果你有一种思想，我有一种思想，那么彼此交换后，我们每个人都获得了两种思想。可见，在交往过程中，信息不仅仅是被传递，而且在不断地形成和发展。

3. 心灵和情感的交流

人们在交往过程中，总会有意无意地表明各自的人生态度与追求，表现一种对整个世界及人生意义的关注，表明各自的人格倾向和心灵风貌。

人际交往的上述几个层面不是截然分开的，而是相互渗透的。

（二）人际交往的心理因素

1. 认知成分

人际关系由认知、情感和行为三种心理成分构成。认知成分反映了个体对人际关系状况的认识，是人际知觉的结果，是人际关系形成、发展和改变的基础。在人际关系中认知起到了唤起、控制和改变的作用，对人际关系起调节作用。

2. 情感成分

情感成分是指交往双方在情感上的满意程度和亲疏关系，是与人的交往需要相联系的一种体验，反映出对交往现状的满意度。大学生的人际关系极富感情色彩，双方交往讲究情投意合，尤其是女同学，特别重感情。

3. 行为成分

行为成分是指交往双方外显的行为表现，如语言、手势、举止风度等传达信息的行为要素，它是建立人际关系的交往手段与形式。任何人际关系的发生、发展、变化都是这几种成分相互作用的结果，在不同的社会群体里，这三种因素所起的作用有所不同，在正式群体中（如班集体），行为因素起主导作用，调节着人际交往；而在非正式群体中（如某些沙龙），则是情感因素起主导作用，制约着人际交往的亲疏及稳定持久的程度。

二、人际交往的特点

人际交往作为一种社会现象，具有其显著的特点。

（一）社会性

所谓社会性，是指人际交往本质上是社会的，是人通过社会关系表现出来的属性。人的社会性决定了人际交往的社会性。一个人从诞生之日起，就处在一个多维度的关系系统之中，而人的社会化过程就是社会关系扩展的过程。既有从血缘关系、地缘关系到业缘关系、趣缘关系、志缘关系，再到情缘关系、偶缘关系等的纵向发展，也有经济关系、政治关系、法律关系、伦理关系等的横向展开。在一个人的一生中，没有也不可能有无社会性的人际交往。

人际交往的社会性，首先由劳动决定。人们在劳动过程中，不仅要与自然界发生一定的联系，而且人与人之间也要发生一定的联系。劳动在促进人产生的同时，也使人际交往和人际关系得以产生。其次，人际交往总是在一定社会中进行的，受到各种各样的社会条件的制约。人际交往的广度和深度都与一定社会的生产力水平和生产关系状况联系在一起，超越一定社会历史条件的交往是不存在的。最后，人际交往的社会性是随着社会的进步而发展的。古代社会，人际交往的自然性大于社会性；现代社会，人际交往的社会性大大增强了。这是因为，现代科学技术使人得到了延伸，人与人之间交流和沟通的途径和手段越来越多，所涉及的交往范围也更加广泛，交往的内容更加丰富。正如人们所描述的，地球正在成为一个"村庄"，个人也正在成为"国际人"，通过现代交通工具和信息传递方式，"天涯若比邻"已经成为现实。

（二）主观性

所谓人际交往的主观性，主要是指人际交往以交往主体的心理需要为前提，以交往主客体是否获得满足的主观感受为尺度。主观性首先表现为选择性，也就是说，人际交往通常是基于人们的某种需要或为了满足某种目的而进行的有意识的活动，交往的需要和目的决定了人际交往具有选择性的特点。其次，人际交往的主观性还表现在情感上。人们在交往过程中由于需要满足的程度产生的态度和体验就是情感。情感一般可以分为结合性情感和分离性情感。结合性情感表现为热情、友谊、喜欢、亲密、爱恋等，程度不同地带有相互吸引的特质。分离性情感表现为冷漠、嫌弃、厌恶、憎恨、敌对等，程度不同地带有相互排斥的特质。当然，肯定人际交往的主观性并不排斥其客观性。

（三）复杂性

人际交往的复杂性首先表现为人际角色的复杂性。所谓人际角色，是指在个性的心理特点的基础上产生的与某一特殊位置有关联的行为模式。不同的关系主体分属不同的人际角色，不同的人际角色有不同的人际关系。尤其需要注意的是，同一关系主体，会表现出不同的人际角色，从而形成更为复杂的人际关系。关于这一点，美国社会心理学家 J·霍姆斯的研究很有说服力。他曾描述了两个人组合交往的情境，如一个人叫约翰，另一个叫亨利。表面上看来，是约翰和亨利两个人在交往，实际是 6 个人在交往，即实际中的约翰（或亨利）、自我意识的约翰（或亨利）、亨利（或约翰）印象中的约翰（或亨利）。如果 3 个人、4 个人或更多的人进行交往，那么人际关系就变得更加复杂了。

三、人际交往的功能

所谓人际交往的功能，就是人际交往在现实生活中所显示出来的作用。从影响的范围分析，人际交往具有个体性功能和社会性功能两个功能。

（一）人际交往的个体性功能

人际交往的个体性功能是指人际交往对个人生存和发展的影响作用，主要表现在以下三个方面：

1. 人际交往是促进个体社会化的主要途径

新生儿来到人世间时，对周围的事物一无所知，如果没有别人的帮助，连几个小时都活不成。人的这种先天不足只有通过社会化才能改善。所谓个体的社会化，是指个人通过加入社会环境、社会关系以及同社会环境、社会关系的相互作用，由单纯的自然人转变为社会人的过程。一个人社会化程度的高低是衡量其成熟程度的尺度之一。

个体社会化的途径包括社会教化和个体内化两个方面。社会教化就是教育的过程，在这个过程中，诱导个体去做那些保证使社会正常延续而必须做的事情。个体内化是个体接受社会影响并形成内在素质的过程，从这个角度来讲，社会化就是人们借以获得个性并学会社会生活方式的过程。社会教化和个体内化是相辅相成的，没有社会教化，就谈不上个体内化；没有个体内化，社会教化也不可能实现。

人际交往是个体学习社会文化、掌握社会生存技能的必经途径。从个体生命诞生开始，父母就成为自己的交往对象，抚养和教育成为交往内容。蹒跚学路、牙牙学语，都离不开亲人的关怀。而亲人的关爱程度、行为方式又反过来成为自己学习的内容，影响此后的成长。儿童期的另一个重要的交往对象是儿童自身的伙伴。个体在与兄弟姐妹、同龄人玩游戏的过程中，交流信息、表达情感、发生冲突……这些看似自然而然的交往活动却培养了儿童判断问题、解决问题的能力和协作精神。一旦个体的活动空间从家庭转移到学校，交往的对象也从亲人扩展到老师和同学，学习不仅是接受知识的过程，也是学习社会规范、学习如何做人的过程。进入社会以后，需要学习的内容更加丰富，人际交往的范围也更加扩大，人际交往在个体社会化方面的意义也从适应社会发展到改造社会。恰如古人所说："三人行必有吾师，择其善者而从之，择其不善者而改之。"在现代社会，科学技术突飞猛进，思想观念不断更新，使人们对社会化的认识突破了时间的限制，成为贯穿一生的长期过程，人际交往在社会化过程中的作用也将持续下去。否则，如果一个人长期自我封闭，拒绝社会交往，将被时代所淘汰。

2. 人际交往有利于健全的自我意识的形成和发展

健全的自我意识和不健全的自我意识的区别，通常以自我意识是否具有客观性、稳定性和内部结构的协调性来衡量。客观性是指自我意识与自我实际状况相符；稳定性是指自我意识前后一贯；内部结构的协调性是指自我认识、自我体验和自我调节之间的和谐、平衡状态。影响主体自我意识形成的因素很多，其中人际交往是不可缺少的方面。

（1）自我评价离不开人际交往。马克思指出："人首先是把自己反映在另一个人身上。一个名叫彼得的人之所以会把自己当作一个人来看，只是因为他把那一个名叫保罗的人看作自己的同种。"（马克思：《资本论》第 1 卷。人民出版社 1963 年版，第 25 页）也就是说，一个人通过别人来认识自己，别人就是自己的镜子。这是因为，人的主体性产生了自我评价的可能性，人的社会性决定了自我对他人评价的依赖性。儿童心理学家的研究表明，幼儿在三岁以前，已经能够对大人的肯定或否定的态度作出反应。鼓励和赞美可以使其变得勇敢和自信，羞辱和打击也可以为其留下难以愈合的心理创伤。能够影响自我评价的他人评价并不是某个人的某次评价，而主要是那些对自己有影响的、关系较密切的人的评价。

（2）自我体验离不开人际交往。个人对自己的态度体验，也是以他人对自己的态度为依据的。一个人从周围人对自己的好感与恶感、喜欢与讨厌等态度中体验到自尊与自卑、自爱与自贱等自我情感。

（3）自我调节受到人际交往的影响。在人际交往中，亲人、师长、朋友、同学等他人对自己的期待会影响自我应有的期待。

3. 人际交往有益于个体的身心健康

美国心理学家马斯洛把爱与归属的需要列入人的基本需要之一。如果一个人在彻底的孤独中待很长时间，就会产生孤独感、空虚感，最后导致精神失常。动物学家曾经以恒河猴做过一个著名的"社会剥夺"试验。试验将猴子的喂养工作全部自动化，隔绝猴子与其他猴子或人的交往，结果与有正常交往机会的猴子比较，隔绝交往的猴子明显缺乏安全感，不能与同类进行正常的交往，甚至本能的行为表现也受到严重影响。人际交往使人在情感交流的过程中消除孤独感，增加快乐。"如果你把快乐告诉一个朋友，你将得到两个快乐；而你如果把忧愁向一个朋友倾吐，你将被分掉一半忧愁。"（《培根论人生》上海人民出版社1983年版，第52页）许多事实证明，在一定程度上，良好的人际关系是快乐之源。它不仅有益于心理健康，也有益于身体健康。相反，把一个人与世隔绝，也是现在能够采用的最严厉的刑法。

（二）人际交往的社会性功能

人际交往的社会性功能是指其对社会的存在和发展所产生的影响或作用。

1. 创造良好的社会心理气氛，净化单位的人际环境

人与人的交往产生一定的社会心理气氛。良好的社会心理气氛使人心态平和，情绪开朗、乐观，单位的群体关系和谐有序；恶劣的社会心理气氛，使人心理焦躁，情绪压抑、苦闷，单位的群体关系紧张。良好的人际关系可以创造良好的社会心理气氛，净化单位的人际环境。正是基于这个认识，现代的企业管理把营造良好的人际环境作为管理的重要内容。

2. 增强群体合力，优化单位整体效应

恩格斯曾经说过，许多人协作、许多力量溶合为一个总的力量，就造成了一个新的力量，这种力量和它的一个一个力量的总和有本质的差别。在现实中，整体效应主要表现为三种情况：整体大于部分之和；整体等于部分之和；整体小于部分之和。影响整体效应的因素很多，而良好的人际关系有利于增强群体的合力。这种合力的优势依赖于消除内耗、增大内聚力；形成互补，建立学习型机制；合理竞争、互相激励等。

四、人际交往的影响因素

现实中，人与人的关系有远近亲疏之分，有的人我们可能一见如故，有的人天天见面，却互不理睬，形同路人；有的人从偶然相识发展到莫逆之交，有的人形影不离，却反目成仇。人际关系发展到什么水平，交往到什么程度，取决于多方面的原因，受到许多因素的影响。

（一）自我概念与人际交往

自我概念，即一个人对自身存在的体验。它包括一个人通过经验、反省和他人的反馈，逐步加深对自身的了解。自我概念是一个有机的认知结构，由态度、情感、信仰和价值观等组成，贯穿人的整个经验和行动，并把个体表现出来的各种特定习惯、能力、思想、观点等组织起来。

正面的自我概念能够使人正确认识自我，自爱、自尊、自信。负面的自我概念使人不能正确认识自我、接纳自我、自卑自怜。高自尊的人信任他人，开放自我、主动交往、预期成功；忽略一些无关信息，强化自我形象；容易接纳他人，肯定他人。低自尊的人猜疑他人，嫉妒、攻击、控制、操纵他人，自我防御、封闭自我、被动交往、预期失败；重视负面信息，忽略积极信息；挑别人的毛病，否定别人。

（二）人际交往与关系结构

人际交往与人们的关系结构有着密切关系，影响人际交往的关系结构有以下几种：

1. 空间距离

人与人之间在空间位置上越接近，越容易形成彼此之间的密切关系。如上下床铺的同学，因为空间距离的接近，使双方相互交往、相互接触的机会更多，彼此之间容易熟悉或成为好朋友，或因为彼此价值观不同而只是熟人。虽然地理位置不是人际关系好坏的唯一的决定因素，但是，远亲不如近邻，空间位置接近的优势，无疑是影响人际交往的一个有利条件。

2. 交往频率

交往是人际关系的基础，人们只有在交往中才能彼此了解，相互熟悉，进而相互帮助，建立友谊。交往的频率越高，越容易形成共同的语言、共同的态度、共同的兴趣和共同的经验等。否则，交往频率过少，可能会产生冷落感，以致感情疏远；不过，交往频率过繁，也可能破坏对方的工作和生活秩序，引起反感。

3. 态度相似

人与人之间若对具体事物有相同或相似的态度，有共同的语言、理想、信念和价值，就容易产生共鸣、同情、理解、支持、信任、合作，从而形成密切的关系。

4. 需要互补

相互满足是形成人际关系的前提条件。如果没有需要和满足需要的期望，空间距离虽小，也可能是"鸡犬之声相闻，老死不相往来"；一旦有了需要和满足需要的期望，空间距离虽大，也可能是"天涯若比邻"。良好人际关系的形成取决于交往双方彼此满足需要的方式和程度，如果交往双方的基本需要都能从交往中得到满足，其人际关系就会密切、融洽。如果双方的需要都不能从交往中得到满足，彼此之间就缺乏吸引力；如果双方的需要在交往中受到损害，彼此之间就会产生排斥与对抗。

5. 人格吸引

我们喜欢他人，原因不仅来自对方，有时是我们自身的人格因素决定了他人对我们的好感。人格也称个性，个性影响着交往的态度、频率和方式，从而影响着人际关系。以气质而论，具有多血质和黏液质的人，一般来说，其人际关系要好于胆汁质与抑郁质的人。以能力而论，能力强的人往往使人产生钦佩感与信任感，具有吸引力。不过，能力强弱和特长的差别太大或太小，都会使相互之间的吸引力减小；只有当双方的能力既有差别而差别又不太大的时候，相互之间的吸引力才会增大。以性格而论，诚实、正直、开朗、自信、勤奋、幽默、热情的人较之虚伪、孤僻、懒惰、固执、狂妄的人具有较强的人际吸引力。因此，人格特点在建立良好的人际关系中是非常重要的内在因素。

五、人际交往的心理效应

人生活在社会中，每天都需要与他人进行交流，在交流的同时，我们会对他人形成这样或那样的印象。这种印象有时会与真实情况有差别。这是为什么呢？其实是一些"效应"在作怪。积极地了解一些交往心理学知识，了解印象形成的一些"效应"，可以帮助我们学会怎样留给他人一个好印象，同时也可以帮助我们克服这些效应的消极作用。一般来说，人际交往往往受到以下心理效应的影响：.

（一）首因效应

首因，即最初的印象，或称第一印象。在人际交往中，人们往往注意开始接触到的细节，如对方的表情、身材、容貌等，而对后来接触到的细节不太注意。这种由先前的信息而形成的最初印象及其对后来信息的影响，就是首因效应，即我们常说的"先入为主"。

第一印象赖以产生的信息是有限的，第一印象不一定是真实可靠的。由于认知具有综合性，随着时间的变化、认识的深入，人完全可以把这些不完全的信息贯穿起来，用思维填补空缺，形成一定程度的整体印象。正如"路遥知马力，日久见人心"。

（二）近因效应

近因，即最后的印象。近因效应，指的是最后的印象对人们认知具有的影响。最后留下的印象，往往是最深刻的印象，这也就是心理学上所阐释的后摄作用。

首因效应与近因效应不是对立的，而是一个问题的两个方面。在大学生的人际交往中，第一印象固然重要，最后的印象也是不可忽视的。在对陌生人的认知中，首因效应比较明显；而对熟识的人的认知中，近因效应比较明显。这就告诉我们，在与他人交往时，既要注意平时给对方留下的印象，也要注意给对方留下的第一印象和最后的印象。

（三）光环效应

光环效应又称晕轮效应，指的是在人际交往中，人们常从对方所具有的某个特性而泛化到其他有关的一系列特性上，从局部信息形成一个完整的印象，即根据最少量的情况对别人作出全面的结论。所谓"情人眼里出西施"，说的就是这种光环效应。

光环效应实际上是个人主观推断泛化的结果。在光环效应状态下，一个人的优点或缺点一旦变为光环被扩大，其优点或缺点也就隐退到光的背后被别人视而不见了。在人际交往中，你有过这种情形吗？对外表吸引人的同学赋予较多理想的人格特征，或为那些长相比较靓的同学设计美好的未来。例如，"你气质好，将来求职就业一定没有问题""那个人第一次见面就对我关心备至，令我难忘"，等等。

（四）投射效应

投射效应是指在人际交往中，形成对别人的印象时总是假设他人与自己有相同的倾向，即把自己的特性投射到其他人身上。所谓"以小人之心，度君子之腹"，反映的就是投射效应的一个侧面。投射可分为两种类型：一种是指个人没有意识到自己具有某些特性，而把这些特性加到了他人身上。例如，一个对他人有敌意的同学，总感觉到对方对自己怀有仇恨，似乎对方的一举一动都有挑衅的色彩；另一种是指个人意识到自己的某些不称心的特性，而把这些特性加到他人身上。例如，在考场上，想作弊的同学总感觉到别的同学也在作弊，倘若自己不作弊就吃亏了。目的是通过这种投射重新估价自己不称心的特性，以求得心理上的暂时平衡。

（五）刻板印象

刻板印象是指社会上人们对于某一类事物或人物的一种比较固定、概括而笼统的看法。其主要表现为：在人际交往过程中主观、机械地将交往对象归于某一类人，不管他是否呈现出该类人的特征，都认为他是该类人的代表，进而把对该类人的评价强加于他。刻板印象作为一种固定化的认识，虽然有利于对某一群体作出概括性的评价，但也容易产生偏差，造成"先入为主"的成见，阻碍人与人之间深入细致的认知。例如，男生认为女生心细、胆小、娇气；女生则认为男生心粗、胆大、傲气。农村来的同学认为城市来的同学见多识广，但狡猾、小气；城市来的同学则认为农村来的同学孤陋寡闻，但忠厚、老实，等等。

第二节　当代大学生的人际交往

社会中的每一个人都生活在人际关系的网中，每一个人的成长和发展都依赖于人际交往。对于大学生而言，不论是在学校学习，还是毕业后的职业生涯，都不可能没有人际交往。在大学校园里，同学之间生活上的相互照顾、学习上的相互帮助、课外活动中的相互支持、感情上的相互交流、师生间的教学相长，都需要有一个良好的沟通。处于青年时期的大学生，思想活跃、情感丰富，人际交往的需要极为强烈，人人都渴望真诚友爱，大家都力图通过人际交往获得友谊，满足自己物质和精神上的需要。

一般来说，具有良好人际交往的大学生，大都具有开朗的性格和热情乐观的品质，能做到正确认识、对待各种现实问题，能化解学习、生活中的各种矛盾，能保持一种积极向上的心态，以迅速适应大学生活。相反，如果缺乏积极的人际交往，不能正确地对待自己和别人，心胸狭隘、目光短浅，则容易形成精神上、心理上的巨大压力，难以化解心理矛盾，严重的还可能导致病态心理。因此，当代大学生必须具备良好的人际交往意识，积极主动地对待自身的人际交往。

一、当代大学生人际交往的特点

大学生作为一个特殊群体，正处于身心发展的不平衡时期，加之大学生活的独特性，其人际关系也表现出自身的特点。

（一）人际交往的迫切性

大学生相对中学生而言，人际交往的迫切性非常强烈。首先，随着大学生生理、心理的逐渐成熟，独特的生活环境和思想氛围，决定了其人际交往较之中学时代具有更大的广泛性、互动性和多样性，他们力图通过交往去开阔视野、丰富知识、学会处世，以表现自己各方面的才能，因此交友的需要日益迫切；其次，进入大学，环境的改变使他们有迫切适应新环境、结识新朋友的需要；最后，择业的自主性也使当代大学生有迫切与人沟通、多方面获取信息的需要。

（二）人际交往范围与交往途径扩大

以往的大学生更注重校园内部的交往，更多地关注同班同学之间以及同乡之间的交往，人际关系网比较简单。随着社会的进步，他们不再局限于班级间、同乡间及校友间的交往，而把交际范围扩大到社会的各个层面。交流内容已经不单单是学习和生活方面，还涉及情感、经济、政治等多方面的内容。与此同时，随着大学生心理的迅速发展，他们的人际关系群也发生了变化，他们不再只是单纯地和学校的同学、老师交流，而是和社会各界人士进行不同深度的交流。

大学生虽然主动追求开放式的人际交往，但由于时间、精力、生活环境、经济条件等方面的限制，交往的主要场所仍然在校园内，中心仍是学生的寝室。但同时校园里众多的社团交往、微信、QQ 等社交方式也已经成为他们的日常生活，使得他们的交往途径增多。

（三）交往内容与方式多样化

大学生人际交往频繁，内容丰富多彩，其交往的内容除了专业知识以外，还涉及文学、艺术、体育、政治、外交、人生、理想、爱情和社会问题等各个方面。大学生交往频率提高，由偶尔的相聚、互访发展到较为经常的聊天、社团活动、聚会、体育活动、娱乐、结伴出游以及其他一些集体活动。在交往方式上，与以往的面对面、书信交流相比，现代大学生的交流方式更具时代特色，他们除了面对面的交流外，更多的通过短信、微信、微博、电话、网络等现代化的手段进行交流，让大学生之间的交往更加便利省时，突破了时间和地点的限制。

（四）理想化与目的性、实惠性并存

大学生对人际关系的追求往往带有较浓的理想化色彩，无论是对同龄同学，还是对师长。他们常常是以理想色彩来看待交往，希望交往不带任何杂质；同时，也以理想标准要求对方，一旦发现对方某些不好的品质，就深感失望。而且，与其他人群相比，大学生人际关系的挫折感较强，这使他们中有些人不时沉湎于对过去的回忆之中，从而表现出既渴望交往又自我闭锁的双重性。

另外，大学生活动的范围主要是在校园内，因而他们之间的交往动机比较单纯，如结识朋友、切磋学问、交流信息等，较少带有功利色彩，属于理想型交往。但随着社会市场经济的发展与毕业自主择业的要求，当代大学生的人际交往显示出了新变化：出现了一些大学生以"有利于将来事业发展"为首要目的的社交。这在一定程度上说明了当代大学生的人际交往中实惠性需求增加的特点，表明当代大学生交往的社会化特征更加强化。

（五）团体性或组织性

社团交往已成为大学生交往的重要校园形式，毫不夸张地说，没有参加过社团，就等于没有上过大学。形成这些团体或组织的原因主要有相似性吸引、接近性吸引和补偿性吸引三类，在这些团体中，起积极作用的团体是多数，同学之间的情谊能用道德标准要求，有共同的兴趣和爱好，互相关心、互相帮助、共同进步。也有起消极作用的团体，交往活动常常是玩耍、娱乐、吃喝，学习、思想上不能互相帮助，不能用集体的道德标准和生活规范来约束自己的行为。

（六）大学生人际交往群体的不平衡性

这主要体现在当代大学生贫富的差别上。由于学校招生制度的改革，学生缴纳的学费和在校生活消费大幅度提高，有些学生特别是下岗职工和贫困家庭的大学生，和那些家庭、经济等各方面条件都比较优越的大学生在人际交往中形成两个不同的群体。有调查显示，经济上的拮据使前者在人际交往中较多地表现出交往被动、性格内向等，甚至个别学生还会由此产生自卑、孤僻等不良心理。

（七）交往能力增强但仍存障碍

现在大学生的交往方式变得温和，不再粗暴地自夸自大，对社会、同性和异性的鉴赏力增强，能适应各式各样的人，能接受并宽容朋友的不同意见，不试图硬性地改变他们，争吵减少。交往手段的发展，使大学生的人际交往变得更方便、更快捷，交往距离更远，交往范围甚至可以扩展到世界范围。但由于大学生主要的任务是学习，大部分时间与精力都倾注在学习上，缺乏一个良好的交往环境，交往技能过于贫乏，交往方式过于被动。另外，由于人格差异、认知偏差，自我评价与他人评价之间出现差距，自负与自卑等因素的存在，在一定程度上也妨碍了大学生的人际交往。

（八）平等意识强

随着自我意识的逐渐增强，独立和自尊的要求越来越明显，这就使大学生对人际交往过程中的平等性要求较高。他们既对他人平等相待，也希望他人对自己一视同仁。所以，大学生更多地选择与同辈交往而远离父母，以回避经常居高临下的说教。平等性交往的需求使那些谦和、真诚、善解人意、通情达理、热情乐观的人，容易受到学生们的喜爱，大家乐意与之交往。

（九）对异性之间的交往愿望强烈

由于大学生处于青年中期，随着性生理的成熟、性意识的唤醒，他们对异性产生了强烈兴趣。而大学生的班集体生活和丰富多彩的课外活动，又为异性之间的交往提供了许多机会，这方面又强化了他们与异性交往的愿望。他们开始逐步加强与异性间的交流。以往一提到异性间的交往，首先想到的是恋爱关系，而随着社会的进步和时代的发展，异性之间的友谊也越发普遍起来，异性之间的友谊更真诚，更能体现出互助和友爱，交流方式随着社会的发展进步更加开放和多样化。

二、大学生人际交往的类型

大学生人际交往的类型主要有与老师的交往、与同学的交往、与父母的交往、与社会的交往以及网络交往等。

（一）与老师的交往

相对于中学阶段比较密切、严肃的师生关系，大学里师生之间的交往相对活泼。大学生接触最多的是自己的辅导员、班主任。他们与学生的关系平等，会像朋友一样与学生交流思想，促膝谈心，并参与班级组织的各项文体活动。

任课教师面对不同班级的学生，学生数量多，接触时间短。一般情况下，这些任课教师上课来，下课走，与学生接触的机会相对较少，只在其授课时间与学生接触，切磋学问，探讨问题，因而一般是单纯的教学关系。此外，大学生自主意识增强，对教师的授课质量有更高的希望和要求，经常会对教师的教学内容、方法、工作态度进行评价，更愿意与学术水平高、教学态度好的老师接触，由衷地敬佩甚至崇拜这些老师。

管理育人的行政人员、服务育人的学校职工等也是大学生经常要面对的人际交往对象，比如宿舍、食堂、图书馆的管理人员等。与师生关系不同，这些交往的顺利进行，必须建立在自觉遵守相应的规章制度的基础上，否则大学生的行为就会受到批评和制约。

（二）与同学的交往

大学班集体由有着不同方言和生活习惯的大学生组成，同学间的交往发生了重要的变化。一方面，入学初期，大多数学生是从中学校园直接走进大学校园的，社会阅历浅，思想单纯，相互之间能够自然地产生纯朴的同窗情谊，形成友好的同学关系；另一方面，随着相互交往和了解的深入，不同的地域出身、家庭背景、个性特点、生活习惯，甚至不同的方言，都有可能成为继续交往的障碍，而大学生在学习上、课余活动上等的激烈竞争中，往往夹杂着利益冲突，容易对相互间的正常交往造成伤害，有些人因此开始逃避与周围同学的交往。但是，大学生远离了家人的呵护，独立地生活，许多人际交往不再是可有可无的，不再可以任性、随意，特别是同宿舍的同学，朝夕相处，低头不见抬头见，大家必须遵守共同的规则，必须学会彼此尊重、宽容、忍让，与性格、生活习惯不同的人友好共处，否则必然会感到孤独，感到同学间没有友情，使自己的大学生活备受煎熬。

在大学校园里，很多新生都热衷于找老乡，与居住地相同或相近的老乡进行交往成为大学生交往不可或缺的一个方面。共同的乡音俚语、饮食习惯，很容易使不同专业、不同年级甚至不同学校的大学生联系起来，大家一起交流大学生活经验，减轻心理震荡，获得情感共鸣，摆脱暂时的孤独和对家乡的思念。但只热衷于老乡关系，是有失偏颇的交往方式。因为人际交往是复杂的，形式可以多种多样，交往的多样性有利于自身的成长。因此，大学生需要与老乡交往，但不能局限于与老乡的交往，否则就会造成一定程度的封闭，与其他人的交流减少。

（三）与父母的交往

大多数大学生觉得自己长大了，会有意识地、积极地调整心态以适应新的环境。他们能体谅父母对自己思念的心情，因此，他们会通过书信或电话及时、主动地向父母汇报自己的学习、生活等情况，和父母加强思想感情的交流。

有的同学因家境困难，很体谅父母的辛苦，进入大学就开始勤工俭学，经济上逐步独立，不仅减轻了家里的负担，而且有时还给家里一定的帮助。他们让父母欣慰地感觉到孩子真的长大了、懂事了。有些平时对父母依赖性很强的学生会非常想家、想父母，天天打电话是不用说的，而且经常抽空或逃课回家，甚至有的要退学回家。这类大学生像长不大的孩子，他们的情绪常常会影响父母，只能让父母牵肠挂肚，放心不下。比如，有的高校就出现了家长申请到校陪读的事例，或者在校外给孩子租房子雇用保姆的事例。

也有少数学生则完全相反，他们自认为是"象牙塔"里的"天之骄子"，随着知识的增加，和父母越来越没有共同语言，因而不再经常与父母联系，更不用说进行感情沟通，只有缺钱了才想起父母。大学生究竟应该如何与父母保持感情的沟通和联系，值得每一位同学认真思索。

（四）与社会的交往

大学阶段对人际沟通能力提出了更高的要求。就业压力日益增大的大学生，要想在激烈的竞争中脱颖而出，找到理想的工作，就必须有较强的社会交往能力。扩大社会交往的方式多种多样，如加入学生社团、参加社会公益活动、勤工助学等积极健康的社会实践活动是扩大社会交往面的一个必不可少的途径。通过各种社会实践活动，大学生既可以增加对社会的了解，也可以扩大社会交往的范围，还能够提高自己独立谋生的本领。

但需要注意的是，在如何对待社会交往的问题上，应注意避免两种倾向：一种是社会交往活动太多，对象太杂，频率太高，认为"多一个朋友多一条路""关系也是生产力"，抱着这样的心态，盲目交往，结果这种毫无选择的社会交往严重影响了学习甚至使自己染上了不良嗜好；另一种是社会活动、社会交往过少，"两耳不闻窗外事"，只管埋头读书，注重了书本知识的积累，却忽视了实践能力的培养。

现代大学生要善于在各种社会交往中培养自己的亲和力，掌握与不同类型、不同层次的人交往的技巧、方法，为自己营造一个和谐的人际环境；同时，社会毕竟是复杂的，思想单纯、阅历不深的大学生要有自我保护意识，谨慎交往，以免上当受骗。

（五）网络交往

网络拓展了人类交往的空间，网络交往已经成为一种重要的新型人际交往方式。人们通过 E-mail（电子邮件）、ICQ（网络寻呼）、IRC（网上聊天室）、QQ、微信、BBS（电子公告板）等手段在网络虚拟社区中聊天、交友、游戏等。

一般来说，网络人际交往对大学生来说具有双重效应：一方面是积极影响，有的大学生通过网络交往结交了许多朋友，获取了很多有价值的信息，开拓了思路，使自己受益匪浅。另一方面是消极影响，有的大学生患上了网络人际依赖症，他们将虚拟当作现实，过度热衷于网络交往，过分迷恋于网络上产生的友谊或爱情，并幻想用这些虚拟的人际关系取代现实的人际关系，他们与周围的人没有共同语言，缺乏社会沟通和人际交流能力，出现孤独不安、情绪低落、思维迟钝、自我评价降低等症状，严重的甚至出现自杀意念和行为。还有的大学生在进行网络交往时受到不良影响，在网络空间里肆无忌惮地放纵自己的思想、言语和行为，全然丧失了道德良知，责任意识淡薄。

为了消除网络交往的消极影响，同学们要学会充分利用网络为自己的学习、工作和生活服务，不在网络上无谓地消磨时光。只有"进得去，出得来"，才能使虚拟社会与真实社会相互补充，相得益彰，才能在虚拟社会与真实社会中健康成长。同时，大学生要具备必要的网络伦理知识，培养道德自律意识，正确把握网络人际交往。

三、大学生人际交往的意义

人际交往具有沟通信息、交流思想情感、协调行为的作用。作为大学生基本活动之一的人际交往活动，对于大学生的全面发展有着重要的作用。

（一）积极的人际交往有助于化解大学生活中的各种矛盾

处于青年中期的大学生，开始独立地处理学习、生活中的各种问题，他们往往遇到的第一个问题就是大学的人际交往问题。由于目前的大学生大多数是独生子女，在过度的保护和相对单纯的成长环境中，人际交往经验相对较贫乏，而且从小学到高中，他们的主要任务就是学习，而交往能力的培养一直被忽略。进入大学后，面对全新的交往对象、内容与方式，在交往需要与交往能力之间形成了明显的矛盾，导致大学生在交往过程中产生生活、学习上的矛盾与冲突。许多新生的心理健康问题、学习问题甚至是身体健康问题，往往都源于不良的人际交往。因此，良好的人际交往可以帮助大学生尽快地达到沟通、了解、理解与宽容的心理状态，促进人与人之间的良性互动，形成化解各种矛盾的良好的心理氛围和动力，使各类矛盾甚至是看似无法解决的矛盾也能得到及时而圆满的解决。

（二）健康的人际交往有利于大学生的情绪控制

处于青年发展期的大学生，正处在人生的黄金时代，在心理、生理和社会化方面逐步走向成熟。但在这个过程中，一旦受到不良因素的影响，就容易导致焦虑、紧张、恐惧、愤怒等不良情绪，影响学习和生活。实践证明，友好、和谐、协调的人际交往，有利于大学生对不良情绪和情感的控制、发泄。人际交往的时间越长、空间越大，人的精神生活就越丰富多彩，得到支持与帮助的机会就会越多，就越容易保持心理平衡；当交往的需要得不到满足时，人的情绪就会低落，心理就会失去平衡。大学生的交往活动能够使情绪得到调节，使紧张的心理得以缓解，从而保持心理平衡，有利于身心健康。

（三）良好的人际交往可以增强大学生的归属感

大学生情感丰富，在紧张的学习之余，需要进行彼此之间的情感交流，谈论理想、人生，诉说喜怒哀乐，人际交往是实现这一愿望的最好方式。人际交往，可以满足大学生对友谊、归属、安全的需要，可以使他们更深刻、更生动地体会到自己在集体中的价值，并产生对集体和他人的亲密感和依恋之情，从而获得充实的、愉快的精神生活，促进身心健康。

（四）人际交往是大学生成长成才的重要保证

人际交往是交流信息、获取知识的重要途径。现代社会是信息社会，信息量之大、信息价值之高，是前所未有的。随着信息量的扩大，人们对拥有各种信息和利用信息的要求，也在不断地增长。通过人际交往，人们可以相互传递、交流传信，使自己进一步丰富经验，增长见识，开阔视野，活跃思维，启迪思想。

（五）人际交往是大学生认识自我、完善自我的重要手段

人对自己的认识总是需要通过与他人的比较，把自己的形象反射出来。孔子曾说过："独学而无友，则孤陋而寡闻。"人际交往可以帮助人们提高对自己的认识，以及自己对别人的认识。在人际交往的过程中，交往双方都能从对方的言谈举止中认识对方，同时又从对方对自己的反应和评价中认识自己。交往面越宽、交往越深，对对方的认识越完整，对自己的认识也就越深刻。只有对他人的认识全面、对自己的认识深刻，才能得到别人的理解、同情、关怀和帮助，自我完善才可能实现。大学生在交往过程中，往往以同龄人为参照系，吸取更多的信息，更为清晰地认清自我形象，并激励自己不断地完善。

（六）人际交往是大学生成长和社会发展的需要

人际交往是协调集体关系、形成集体合力的纽带。而一个良好的集体，能促进青年学生

优良个性品质的形成，比如正义感、同情心、乐观向上等，都是在民主、和睦、友爱的人际关系中成长起来的。良好的人际关系还能够增进学生集体的凝聚力，成为集体中最重要的教育力量。

（七）交往活动是大学生个性发展完善的重要条件

人的个性除了受先天遗传因素的影响以外，更重要的是受后天环境因素的影响。长期生活在友好和睦的人际关系环境里，一个人就会乐观、开朗、积极主动，相反，长期处于人际关系紧张的环境中，就有可能变得消极、悲观、多疑、神经质。大学是人的个性发展定型时期，积极的社会交往，有助于大学生良好个性的发展和完善。

（八）人际交往是大学生事业成功的保证因素

事业的成功离不开社会的交往。在为某一事业奋斗的过程中，人们需要通过相互交流信息并进行有效的分工合作，才能推动事业的发展。也只有在交往中，个人的才智才得以充分发挥，从而获得他人的承认，受到社会的尊重。大学生只有在人际交往中学会协调人际关系，养成良好的交往品质，善于与人共事，才能获得事业的成功。

第三节　民族预科生的人际交往

一、民族预科生人际交往常见的问题

大学民族预科生都来自老、少、边、山、穷地区，由于生活环境的影响，在人际交往中易出现以下一些问题：

（一）不敢交往

有的大学生有交往的欲望，但无交往的勇气。有一部分大学民族预科生在这方面反映特别强烈，由于害羞、自卑等心理的作用，在与人交往时显得特别紧张，心跳气喘，面红耳赤，两眼不敢正视对方；在与人交谈时显得语无伦次、词不达意。尤其在人多的场合或者在集体活动中更感到恐惧，不敢和人打交道，不敢表现自己，严重的可导致社交恐惧症。这种羞怯必然导致闭锁心理，使其不敢与人交往，只好把自己孤立、封闭起来。有的大学生对自己不能作出客观公正的评价，自我贬低，从而产生自卑心理。自卑的浅层感受是别人瞧不起自己，而深层体验是自己看不起自己。自卑的一个突出特点就是具有弥散性，这种心理常常使人感到自惭形秽，处处不如人，进而在交往时过于拘谨、缺乏自信、畏首畏尾，在社交场合不敢抛头露面，害怕当众出丑，要是受到耻笑和侮辱，更是消极回避，忍气吞声，个别严重者甚至产生社交恐惧症。自卑往往压抑自身能量的释放，消极等待别人的亲近，使机会擦肩而过。有的大学生自命不凡，自视甚高，认为自己高人一等。这种孤傲心理使人在交往中容易摆出"目中无人""唯我独尊"的态势，或对别人吹毛求疵，这难免引起对方的厌烦和反感。结果是他们自命清高、孤芳自赏，将自己封闭起来。

（二）不愿交往

有的大学民族预科生在经历了"千军万马过独木桥"之后，发现自己不如在中学时那么出类拔萃了，进而形成因嫉妒与自卑心理造成的人际障碍，认为自己不如别人，怕别人瞧

不起自己，缺少人与人之间必要的信任与理解，人际交往平淡，缺乏与同学基本的合作精神，甚至视同学为敌手；有的同学自高自大，瞧不起别人；有的同学群体意识淡薄，以自我为中心，对周围的人与事漠不关心，我高兴、我开心，就愿意理你，否则就拒人于千里之外。同学之间缺乏必要的宽容，甚至会为一些鸡毛蒜皮的小事大打出手。有的人遇事总是回避退让，整日郁郁寡欢，缺乏交往的愿望和兴趣，他们自我封闭、孤芳自赏，但又特别敏感，心理承受力差，独来独往，不愿抛头露面，不愿与人交往。

（三）不善交往

有的大学民族预科生不善于了解和掌握交往的一些知识、技巧，在交谈的过程中显得过于生硬、书生气太足，木讷，心存感激不会讲出，而在当时却不能使人理解。有的同学因认知偏见导致理解障碍，不注意交往中的"第一印象"，不注意沟通方式，在劝说他人、批评他人、拒绝他人时不讲究艺术。有些大学民族预科生在与人交往的过程中，不注意交往的原则，开玩笑不注意场合，不懂得给人留面子，或出言粗鲁，伤了对方的自尊心；或不懂得尊重对方的风俗习惯；或不懂装懂，夸夸其谈等。这些表现都有损于自身形象的塑造，影响了同学之间进一步的交往。

二、民族预科生人际交往应遵循的原则

人际交往是人与人之间的相互作用，为了使自己的交往行为引起交往对象良好的反应，引发积极的交往行为，大学民族预科生在交往中应注意遵循一定的原则。

（一）择善原则

所谓择善原则，就是在人际交往中不能盲从行事，而要有选择地进行，不仅要"择其善者而从之，择其不善者而弃之"，而且要"两害相权取其轻，两利相权取其重"。这里所说的善者，是指对社会、对他人、对自己无害或有益的人及其关系；所说的恶者，是指对社会、对他人、对自己无益或有害的人及其关系。首先，坚持择善原则，要考虑自己与交往对象相互的需要和行为是否有利于社会、有利于他人。有益则积极处之，有害则坚决放弃。其次，坚持择善原则，不仅要在善与恶、真与假、美与丑、是与非之间进行质的选择，而且要在善与善、真与真、美与美、是与是之间进行量的选择。选择即是舍弃。在现代社会里，人际关系的复杂性和开放性使大学生学会选择显得越来越重要。青年大学生处于学校与社会的交叉点上，对社会关系的复杂性缺乏切身的体验，能够坚持择善原则可以避免人际交往中的不利影响。

（二）尊重原则

尊重包括互相联系的两个方面：一是自尊，二是尊重他人。自尊就是在各种场合自重自爱，维护自己的人格；尊重他人就是重视他人的人格、习惯与价值，承认人际交往中双方的平等地位。尽管由于主客观因素影响，人在气质、性格、能力、知识等方面存在差异，但在人格上是平等的。人格平等一般是指尊重他人的自尊心和感情，不干涉他人的私生活，不践踏他人的人生权利。只有尊重他人，才能得到他人的尊重。正所谓"不敬他人，是自不敬也"。与人相交要做到"高上尊贵，不以骄人，聪明圣知，不以穷人，齐给速通，不以先人，刚毅勇敢，不以伤人"。

（三）宽容原则

宽容即在处理人际关系时宽容厚道，对他人予以充分的理解、体谅，不求全责备，要多看他人的善和功，多想他人的恩与德，做到宽以待人。的确，在人际交往中，由于经历、文化、修养等差异的存在，因误会、不理解而产生矛盾是不可避免的。这就要求交往主体遵循宽容的原则，宽以待人，求同存异。宽容不是懦弱，懦弱是由于自身无力量而怕受别人欺负。宽容则是指具有宽阔的胸怀、对人豁达。心理学的研究证明，越有自信心的人，就越宽容。宽容是建立在理解和尊重基础上的，不仅能够容人所长，善于欣赏别人，而且能够容人所短，善于体谅别人。刘少奇曾经说过，革命者对待同志最能宽大、容忍和委曲求全，甚至在必要的时候，能够忍受各种误解和委屈而毫无怨恨之心。孔子也说："人不知而不愠，不亦君子乎？"当然，宽容并不意味着无原则地调和，中国传统道德在强调忠恕之时，更强调"宽而疾恶"。正是在这样的基础上，宽容有助于扩大交往空间，也有助于消除人际交往的紧张和矛盾。

（四）互助原则

人际交往是不同主体间的交流和影响，也就是说，交往双方都具有主体性，都有自己的需要和合理的利益。这就决定了交往不仅要利己，而且要利他。坚持互助原则，首先，因为社会分工的多样性和多种所有制形式的存在，造成了不同个人利益存在的现实性，因此，在人际交往中不能不考虑彼此的利益；其次，从心理的角度来看，每个人都有获得他人关心的需要，希望得到别人的关心，就必须考虑他人也有这种需要。互助表现在交往的双方相互关心、相互帮助、相互支持上。互助既满足了双方各自的需要，又促进相互间的联系，深化了感情。如果一方只索取不给予，交往就会中断。对此我国先哲有许多精辟的思想：一方面，要求自己做到"受恩必报，施人勿念"；另一方面，要求对人"投桃报李，礼尚往来"，这其中都蕴含了互助的原则。

（五）适度原则

所谓适度原则，主要指人际交往中要注意行为得体、合乎分寸、恰到好处。也就是古人所讲的不偏不倚。适度原则制约和影响着其他原则，具有很强的普遍性。事实证明，许多人没有处理好人际关系的重要原因是不同程度地忽略了适度原则。适度原则体现在许多方面，其中常见的有自尊适度、表现适度、忍让适度、热情适度、信任适度、谨慎适度、谦虚适度、幽默适度、豪爽适度、期望适度、言谈适度等。在大学生人际交往中，特别需要注意的有自尊适度、热情适度、信任适度等。保证自尊适度，一要防止自尊过弱，缺乏自尊心，避免自卑、自暴、自弃；二要防止自尊过强，虚荣心滋长，出现自傲或自负。同样，热情也是有分寸的，热情过分，甚至触痛了他人的隐私，则令人生厌；热情不足，过于冷漠，会令人敬而远之。

三、民族预科生人际交往的艺术

大学民族预科生在人际交往中，仅有良好的交往愿望，懂得交往的原则是不够的，还必须培养自己健康的交往心理，掌握正确的交往方法。

要想在交往中游刃有余，还必须掌握一定的交往技巧和艺术。所谓交往艺术，就是要注意把握交往的度，即把握交往的广度、深度、频率以及语言、行为的分寸等。

（一）克服交往中的功利投机心理

功利投机心理把交往仅仅作为利用别人、达到自己目的的手段，表现为在交往的过程中，始终遵循利己原则。在选择交往对象时，认为只要是能够满足自己个人利益的，就可以与之交往；在交往活动中，不择手段、不分是非；一旦达到目的，就停止了交往关系。在这种心理的驱使下，交往主体常常患得患失，把别人当成工具，把自己当成目的。这种交往摧毁了人际关系的人性基石，经常是短命的。

在人际交往中，我们主张择善和互助，并不必然导致投机功利心理的产生。心理学家认为，人与人之间的交往，本质上是一个社会交换过程。在这个过程中，人们都希望交换对于自己来说是值得的，希望在交换过程中得不少于失，不值得的交换是没有理由去实施的。对于那些对自己来说是值得的人际关系，人们就倾向于建立和保持；反之，人们就倾向于疏远或终止这种关系。人际交往中存在着"得"与"失"的平衡关系。但是，无论怎样亲密的关系，都不能一味地只利用而不付出，否则，原来亲密的关系也会变得疏远。许多人不懂得这个道理，认为家人、朋友、亲戚之间，交往不必计较，光索取，不报答，其结果是人际关系日趋淡漠，甚至失去亲人的支持。注意人际交往中的索取与付出的平衡，并不意味着要吃亏，也不意味着必须时刻进行得失的"换算"。事实上，人们在交往中会自然地产生给双方带来最大满足的行为，只要抱着坦诚、公平的态度与人交往，我们就会成为受欢迎的人。

（二）培养积极交往的心理态度

任何一个个体都有其独特性，都是无法完全取代的，因此，对他人独特性价值的理解以及对他人的尊重，是交往的心理基础。美国著名心理学家爱克利克·伯亲依据对自己和他人采取的基本生活态度，提出人与人之间的四种交往模式：

（1）我不好——你好，我不行——你行；

（2）我不好——你也不好，我不行——你也不行；

（3）我好——你不好，我行——你不行；

（4）我好——你也好，我行——你也行。

大学生正处在自我意识的不断发展中，容易出现发展偏差。"我不行——你行"（自卑自怨）、"我好——你不好"（自高自大）、"我不好——你也不好"（冷漠无情）正是这种偏差的表现。

上面前三种交往模式都会阻碍正常的人际交往，并且不利于心理健康和心理发展。成熟的、健康的交往模式应该是"我好——你也好""我行——你也行"。这种心态的特点是：充分体会到自己拥有一种强大的理性能力，并对生活的价值有着恰当的理解，做到相信自己与相信他人、爱自己与爱他人的统一。虽然自己和他人都并非十全十美，但能悦纳自己和他人，正视现实，善于发现自己、他人和世界的光明面，从而使自己保持一种积极、乐观、进取、和谐的精神状态。

（三）学会赞赏别人

俗话说："尺有所短，寸有所长。"每个人都有其优点，也有其不足，不要只看到别人的不足。每个人的内心都渴望被人肯定和赞赏。但是，赞赏他人必须实事求是，发自内心，出于真诚，表现出诚心诚意。否则，就有可能变成恭维或虚伪。

在大学里，有一些同学可能出于家庭贫困或其他原因而导致内心非常自卑，这时他们十分需要得到别人的认可和鼓励。其他同学有义务帮助他们树立学习与生活的信心。我们只要有一颗爱心，就会觉得赞赏和肯定别人其实并非难事；而且我们还会获得人际交往的主动权，从而建立良好的人际关系。

（四）正确运用语言及非语言艺术

语言是社会交往的工具，在交往中起重要作用。讲究语言的艺术，是培养交往能力的重要内容。人的社会化有两个基本目的：语言社会化和角色社会化。其中，语言社会化是重要的目标，也是实现其他社会化的基础。语言的获得、发展和社会角色的获得、扮演都离不开人与人之间的互动交往。反过来，语言的获得又会极大地影响人际交往，进而影响自己作为一个社会角色的形成。可见，语言及语言艺术的掌握，对人际交往与人的社会化是何其重要。

所谓语言艺术，主要指把握说和听的分寸。关于说，首先，要学会说在该说时，止在该止处，这叫适时。其次，说的声音要适量，即说话时声音大小要适宜。再次，说要言简意赅，要尽量用简单、明白、清楚的语言表达思想，不要绕来绕去，含糊其词，以免引起不必要的误解。最后，赞扬和批评要讲究方式、方法和措辞，赞扬别人要恰如其分，批评别人也要尽量用婉转的语气。要多赞美别人，认可和欣赏别人，而不是挑剔和讥讽别人。

关于听，总的原则是听对方讲话时，处处表现出对对方的耐心与尊重。首先，不要随意打断对方的谈话或强抢对方的话题；其次，要学会倾听，尊重别人，理解别人，而不是夸夸其谈，自我陶醉，置谈话者的感受而不顾；最后，要特别注意配合对方的谈话，作出积极的反应，如点头微笑、态度和蔼，千万不要么过于热情，令谈话者感觉你的浅薄，要么冷若冰霜，令谈话者感觉是在对牛弹琴。

当然，语言沟通离不开非语言沟通，在某些情境下，非语言沟通的作用反而居于主导地位。根据英国心理学家阿盖依尔等人的研究，当语言符号和非语言符号所代表的意义不一致时，人们相信的是非语言所代表的意义。在信息传递的全部效果中，有7%是词语的效果，38%是声音的效果，身体语言沟通所起到的效果则达55%。这与通常所说的"此时无声胜有声"是一致的。非语言沟通表现在面部表情、目光、微笑、手势、体态等方面。恰当地运用非语言艺术，可以在交往中收到意想不到的效果。

（五）培养良好的个性特征

良好的个性特征对建立良好的人际关系有吸引作用，不良的个性特征对建立良好的人际关系有阻碍作用。生活中，大家都愿意与性格良好的人交往，没有人愿意与自私、虚伪、狡猾、性情粗暴、心胸狭隘的人打交道。因此，要不断形成良好的个性特征，注意克服性格上的弱点。

第四节　大学生人际交往中的礼仪

当代大学生代表的是中国新一代青年的形象，作为人际交往的组成部分，仪表与仪态也是影响大学生人际交往的重要因素。仪表和仪态包括人的形体、容貌、健康状况、姿态、举止、服饰、风度等方面，是人举止风度的外在体现。大学生即将走上社会，但又是学生，处在社会和学校的"交集"中。千万不要以为自己是学生，形象就不重要。大学生每天主要面对的是同学、老师，和自己的同学、老师交往时，不要以为都是熟人，一切都无所谓。如果太不注意自己的形象，久而久之，会在别人的眼里产生邋遢的"深刻"印象，而这种印象一旦形成，就很难改变。虽不至于像上班族那样有苛刻的要求，但只要有条件，就应当让自己的外在形象利索、干净，不要有异味。在日常行为中，对人起码的礼貌、尊重在任何时候都不可以丢，即使是对自己至亲的人。因为这些体现你的素养，体现你对别人的敬重。就像诚信、守约、文明等，都应该严格做到这些。只有注重仪表仪态，才能从个人形象上反映出良好的修养与蓬勃向上的生命力，才有可能得到别人的尊重和称赞，才会让自己树立自信。

一、大学生的仪表礼仪

仪表是指人的容貌，是一个人精神面貌的外观体现。一个人的卫生习惯、服饰搭配习惯等与形成和保持端庄、大方的仪表有着密切的关系。大学生的仪表应当与自己的年龄、体形、身份和所在的场合协调，这种协调能给人以美感。从年龄角度来说，不同年龄的人有不同的穿着要求，大学生的仪表应大方整洁，体现出年轻人的朝气和蓬勃向上的青春之美。大学生要具有良好的仪表，应注意以下几个方面：

（一）讲究卫生，修饰体表

清洁卫生是仪容美的关键，是礼仪的基本要求。不管长相多好，服饰多华贵，若满脸污垢，浑身异味，那必然破坏一个人的美感。因此，每个大学生都应该养成良好的卫生习惯，做到头发无异味，保持良好的造型、不染艳色、经常梳洗。男生的头发应当做到前发不附额，侧发不掩耳，后发不及领。女生如果留短发，要长度不过肩，刘海不可遮挡眼睛，碎发别在耳后或用卡子固定。如果是长发，要自然整洁披落，或优雅梳于脑后，碎发别在耳后或用卡子固定，刘海不可遮挡眼睛，盘发不可凌乱脱落。

要注意及时修剪鼻毛，要防止腋毛、腿毛外露，注意口腔卫生，尽量少吃刺激性易生气味的食物。不蓄长指甲，指甲的长度不长于指尖。勤于洗脸、脚，早晚、饭后勤刷牙，讲究梳洗，勤更衣。不要在人前"打扫个人卫生"，比如剔牙齿、掏鼻孔、挖耳屎、修指甲、搓泥垢等，这些行为都应该避开他人进行，否则，不仅不雅观，而且不尊重他人。与人谈话时应保持一定距离，声音不要太大，不要对人口沫四溅。男生还要常刮胡须，注意面部整洁。

（二）得体的着装

服饰反映了一个人文化素质之高低，审美情趣之雅俗。具体来说，它既要自然得体，协调大方，又要遵守某种约定俗成的规范或原则。服装不但要与自己的具体条件相适应，还必须时刻注意客观环境、场合对人的着装要求，即着装打扮要优先考虑时间、地点和目的三大要素，并努力在穿着打扮的各方面与时间、地点、目的保持协调一致。注意不同场合的着装款式，正式场合着正装，工作场合着职业装，休闲场合着休闲装，运动场合着运动装，公务晚宴或庆典场合着礼服。正式场合忌穿无领衫、牛仔服、超短裙、短裤、旅游鞋等。

1. 着西装时，要注意"三个三"原则

三色原则：穿西装正装时，全身上下的颜色不能多于三种。三一定律：男士身上三个要件，即鞋子、腰带、公文包应该是同一个颜色。三大禁忌：袖子上的商标不能不拆；涉外商务交往中忌穿夹克时打领带；忌袜子出现问题。

2. 西装、衬衣、领带的搭配方法

三素搭配：西装、衬衣、领带均为素色。两素一花：两件为素色，一件带条纹或图案。两花一素：两件带条纹，一件素色。明暗搭配：浅色西装+浅色衬衣+亮色、中色或深色领带；中色西装+浅色衬衣+深色领带；深色西装+中色衬衣+浅色或深色领带。

3. 衬衫穿着五原则

单色为佳、大小合身、下摆放好、扣子扣好、袖长适度。

领带选择三原则与四不宜：真丝面料原则、图案含蓄原则（纯色或几何图案显得正式，圆点代表关怀，方格代表热情，斜纹代表果断，碎花代表体贴）、深蓝酱红保底原则。日常工作不宜佩戴纯黑色领带；不宜佩戴图案、色彩繁杂的领带；不宜佩戴面料出现破损、皱褶的领带；非公务时领带夹不宜外露。

4. 女士着装细节

衬裙和文胸的吊带不要外露；衬裙和衬裤的线条不要显出来；检查袜子有无挑丝、拉丝和松垂的现象；穿大衣时，不要露出裙子的下摆；正式场合不穿运动鞋，穿有跟鞋。衣着忌杂乱，过分鲜艳，过分暴露，过分透视，过分短小，过分紧身。鞋应避免尖头、高跟、厚底、过多装饰。袜子颜色与款式应与季节相符，如夏季可穿肉色、无花纹、长筒连裤丝袜，无破损。

二、大学生的仪态礼仪

（一）仪态的定义和作用

仪态是指人在行为中的姿势和风度。姿势是指身体所呈现的样子，风度则属于内在气质的外化。每个人总是以一定的仪态出现在别人面前的，一个人的仪态包括他的所有行为举止：一举一动、一颦一笑、站立的姿势、走路的步态、说话的声调、对人的态度、面部的表情等。而这些外部的表现又是他内在品质、知识、能力等的真实流露。

仪态在社交活动中有着特殊的作用。潇洒的风度、优雅的举止，常常令人赞叹不已，给人留下深刻的印象，受到人们的尊重。在与人交往中，我们可以通过一个人的仪态来判断他的品格、学识、能力，以及其他方面的修养程度。仪态的美是一种综合的美、完善的美，是仪态礼仪所要求的。这种美应是身体各部分器官相互协调的整体表现，同时也包括了一个人内在素质与仪表特点的和谐。容貌秀美、身材婀娜，是仪态美的基础条件，但有了这些条件并不等于仪态美。与容貌和身材的美相比，仪态美是一种深层次的美。容貌的美只属于那些幸运的人，而仪态美的人，往往是一些出色的人。因而仪态的美更富有永久的魅力。

（二）仪态的特征

1. 仪态是一种"无声的语言"

在日常交往中，人们能通过语言交流信息，但在说话的同时，你的面部表情、身材的姿态、手势和动作也在传递着信息。对方在接受信息时，不仅"听其言"，而且也在"观其行"。仪态语言是一种极其丰富、极其复杂的语言。据研究者估计，世界上有70多万种可以用来表达思想意义的态势动作，这个数字远远超过当今世界上最完整的一部词典所收集的词汇数量。信息的传递与反馈，从表面上看，主要是嘴、耳、眼的运用。事实上，表情、姿态等所起的作用，却远远超过自然语言交流的本身。仪态是一种很广泛、很实用的语言，往往比有声语言更富有魅力，可以起到"此处无声胜有声"的效果。

2. 仪态是内在素质的真实表露

仪态在表情达意方面也许不像有声语言那么明确和完善，但它在表露人的性格、气质、态度、心理活动等方面却更真实可靠。一个人所说的话可能是真实的，也可能是虚假的，语言可以言不由衷，而人的仪态却总是真实的。也许你嘴上在说着欢迎客人到来的话语，可你的表情、手势、动作却流露出了你的厌倦、无奈，这才是你真实的态度。在社会交往中，仪态还是一种无形的"名片"，也许你没有随身带着档案、介绍信，但人们却可以通过你的一举一动、一颦一笑，判断出你的身份、地位、学识和能力，并因此决定对你信任的程度、交往的深度等。只有那些受过良好教育并且在各方面都很出色的人，才可能举止得体、风度优雅。相比之下，穿着时髦、浓妆艳抹、矫揉造作、刻意表现出来的那种美就肤浅得多。

3. 仪态的习惯性

仪态是人们在成长和交往的过程中逐步形成的，因而具有习惯性的特点。

（1）仪态的习惯性是指人们对某一动作理解的习惯性。它一方面表现在某些动作表情达意的一致性上，比如人们总是用笑容来表现欢乐、友好、喜欢等感情；另一方面，也表现在同一动作由于地域和文化环境的不同而具有不同的含义上。比如，点头在中国人和西方人看来是表示肯定的，而在印度、土耳其等国却是表示否定的。

（2）仪态的习惯性是指每个人的仪态都是在成长过程和生活环境中长期形成的，这种习惯性并不都是先天的，也可以通过后天的生活和训练形成，一旦形成，就很难改变。人们的仪容美会随着时间的流逝而失色，而仪态的美却能够随着年龄的增长而增添几分成熟、稳重、深刻的美。

总之，仪态美是一种更完善、更深刻的美，它不是可以通过外表的修饰打扮得到的，也不是通过单纯的动作、表情的模仿可以体现的。它有赖于内在素质的提高、自身修养的加强，有赖于性格、意志的陶冶和能力、学识的充实。仪态美是长期培养磨炼的结果。只有那些热爱生活、积极进取、自信自尊自爱、卓有才华的人，才会拥有真正的仪态美。

（三）仪态的内容

1. 谈姿

谈话的姿势往往反映出一个人的性格、修养和文明素质。所以，交谈时，首先双方要互相正视、互相倾听，不能东张西望、看书看报、面带倦容、哈欠连天，否则，会给人心不在焉、傲慢无理等不礼貌的印象。

2. 站姿

站立要端正，挺胸收腹，眼睛平视，嘴微闭，面带笑容，双臂自然下垂或在体前交叉，右手放在左手上。双手不叉腰、不插袋、不抱胸，站立时不要歪脖、斜腰、屈腿等。女子站立时，脚呈"V"形，双膝和脚后跟要靠紧，男子站立时双脚与肩同宽，身体不可东倒西歪。站累时，脚可以向后站半步或移动一下位置，但上体仍应保持正直。不可把脚向前或向后伸开太多，甚至叉很大，也不可倚壁而立。更不要下意识地做些小动作，那样不但显得拘谨，给人缺乏自信之感，而且有失仪态的庄重。

3. 坐姿

坐，也是一种静态造型。端庄优美的坐，会给人以文雅、稳重、自然大方的美感。正确的坐姿应该是：入座要轻缓，上身要直，人体重心垂直向下，腰部挺起，脊柱向上伸直，胸部向前挺，双肩放松平放，躯干与颈、髋、腿、脚正对前方；双手自然放在膝盖上或椅子扶手上，双膝并拢；目光平视，面带笑容，坐时不要把椅子坐满（应坐椅子 2/3），但不可坐在边沿上。女性应两膝并拢；男性膝部可分开一些，但不要过大，一般不超过肩宽。在正式场合，入座时要轻柔和缓，起座要端庄稳重，不可猛起猛坐，弄得桌椅乱响，造成尴尬气氛。不论何种坐姿，上身都要保持端正，如古人所言的"坐如钟"。若坚持这一点，那么不管怎样变换身体的姿态，都会优美、自然。就座时切不可有以下几种姿势：

（1）坐在椅子上前俯后仰，摇腿跷脚；

（2）将脚跨在桌子或沙发扶手上，或架在茶几上；

（3）在上级或客人面前双手抱在胸前，跷二郎腿或半躺半坐；

（4）趴在工作台上。

4. 走姿

行走应轻而稳。注意昂首挺胸收腹，肩要平、身要直。女子走一字步（双脚走一条线，不迈大步），男子行走时双脚跟走两条线，但两线尽可能靠近，步履可稍大，在地上的横向距离 3 厘米左右。走路时男士不要扭腰，女士不要摇晃臀部，行走时不可摇头晃脑、吹口哨、吃零食，不要左顾右盼，手插口袋或打响指。不与他人拉手、搂腰搭背，不奔跑、跳跃。因工作需要必须超越客人时，要礼貌致歉，说声"对不起"。同时注意以下几点：

（1）尽量靠右行，不走中间；

（2）与上级、宾客相遇时，要点头示礼致意；

（3）与上级、宾客同行至门前时，应主动开门让他们先行，不能自己抢先而行；

（4）与上级、宾客上下电梯时应主动开门，让他们先上或先下；

（5）引导客人时，让客人、上级在自己的右侧；

（6）上楼时客人在前，下楼时客人在后，三人同时行进，中间为上宾。在人行道上让女士走在内侧，以便使他们有安全感；

（7）客人迎面走来或上下楼梯时，要主动为客人让路。

5. 笑姿

在微笑时注意与对方保持正视的微笑，高于对方视线的微笑会让人感到被轻视，低于对方视线的微笑会让人感到存有戒心，眼睛要有胆量正视和接受对方的目光。保持微笑，调节自身情绪，消除彼此隔阂，有益身心健康；善于微笑，掌握微笑的要领；笑时要注意整体配合；力求表里如一。

6. 表情

表情是人的面部动态所流露的情感。在给人的印象中，表情非常重要。和善的表情一要注意规则，表现谦恭，表现善意，表现适时，表现真诚；二要注意面部神态，眼神要注视对方的双眼、面部、全身、对方的局部；注视的角度要正视对方、平视对方、仰视对方。视线向下，表现权威感和优越感；视线向上，表现服从与任人摆布；视线水平，表现客观和理智。良好的表情要注意以下几点：

（1）要面带微笑，和颜悦色，给人以亲切感；不能面孔冷漠，表情呆板，给人以不受欢迎感。

（2）要聚精会神，注意倾听，给人以受尊重之感；不要无精打采或漫不经心，给人以不受尊重感。

（3）要坦诚待客，不卑不亢，给人以真诚感；不要诚惶诚恐，唯唯诺诺，给人以虚伪感和不信任感。

（4）要沉着稳重，给人以镇定感；不要慌手慌脚，给人以毛躁感。

（5）要神色坦然，轻松、自信，给人以宽慰感；不要双眉紧锁，满面愁云，给人以负重感。

（6）不要带有厌烦、僵硬、愤怒的表情，也不要扭捏作态，做鬼脸、吐舌、眨眼，给人以不受敬重感。

要注意不良的肢体语言，如指指点点、手插口袋、双手抱头、端起手臂、打哈欠、频频看表、掏耳、挖鼻、剔牙、搔头皮、双腿抖动等。

三、大学生的语言规范

言谈作为一门艺术，也是个人礼仪的一个重要组成部分。大学生的语言规范首先要体现礼貌，态度要诚恳、亲切；声音大小要适宜，语调要平和沉稳；尊重他人。语言要用敬语，如日常使用的"请""谢谢""对不起"，第二人称中的"您"等。要努力养成使用敬语的习惯。现在，我国提倡的礼貌用语是十个字："您好""请""谢谢""对不起""再见"。这十个字体现了说话文明的基本语言形式。除了礼貌用语外，大学生平时言谈还要注意以下几个方面：

（一）准确性

即无论是阐述观点、分析问题还是判断是非，都能清晰明了地表达自己的本意，既不信口开河、主观臆断，也不模糊不清、含糊其词。切忌夸张、虚假、带"水分"，尽量不用"好像""大概""基本上"之类的弹性大的字眼。语言准确，可以使对方畅通无阻地接受你发出的信息，而不致被曲解。

（二）规范性

各行各业都有自己的一套"行话"，就是在本行业内流行的通用化标准语言，如股票交易中的"牛市""熊市""走低""看涨"等。一个人如果办事用语不规范，就不会被人们接受，而且会被对方视为外行，受到奚落和冷遇。大学生作为一个受高等教育的群体，也应当使用自己所属群体所处的每一个具体环境的规范语言。

（三）文明性

"言为心声"，语言是一个人文化教养、思想品格、道德情操等内在气质的表现，也是一个人性格、特征和处世态度的体现。所以用语应当显示出自己的诚挚态度、谦逊风格、宽容气量等，需要尽可能多地选择使用礼貌用语，避免尖刻、挖苦、讽刺、嘲笑的语言。

（四）针对性

说话办事用语要紧扣主题，有的放矢，切中要害，讲到点子上。古人讲："言不在多，达意则灵。"就是说话者要用最经济的语言手段表达出最大的信息量，使听者在较短的时间内领会你的办事意图；反之，空话连篇，言之无物，必然误人时光，招人厌烦。要使语言具有针对性，一要围绕办事目的，不跑题，切忌大话、空话、套话、笼统的话；二要讲逻辑性，有理有据，条理分明，一环扣一环。

（五）趣味性

精心雕刻、生动有趣、引人入胜的语言，能使对方产生愉悦感。如果语言干巴、贫乏、苍白，就会使听者产生沉闷、压抑、乏味的感觉，更谈不上引起对方的共鸣，给你心悦诚服地办事了。所以平时要注意锤炼语言，从社会生活实践中学习，从文学艺术宝库中发掘，从报刊上领略，使自己的语言"佐料"丰富，给人留下深刻的印象。

（六）艺术性

语言的艺术性要求说话者机智幽默、委婉含蓄、富有人情味、敏捷善变，能应对各种难题和尴尬的场面。在日常生活和交往中，有许多情况是"只可意会，不可言传"的，需要借助比喻、暗示等修辞方法来表达自己的意思。说话应以尊重为本，如"他没有您老"就不如"他没有您年轻"听起来让人愉悦。古今中外的成功者，大多是善于谈吐、演讲的语言大师。会说话，已成为现代人走向成功的必备条件。

四、大学生的其他礼仪

（一）大学生的见面礼仪

1. 握手礼

握手是一种沟通思想、交流感情、增进友谊的重要方式。与他人握手时，目光注视对方，微笑致意，不可心不在焉、左顾右盼，不可戴帽子和手套与人握手。在正常情况下，握手的时间不宜超过3秒，必须站立握手，以示对他人的尊重、礼貌。握手也讲究一定的顺序：一般讲究"尊者决定"，即待女士、长辈、已婚者、职位高者伸出手来之后，男士、晚辈、未婚者、职位低者方可伸出手去呼应。若一个人要与许多人握手，那么有礼貌的顺序是先长辈后晚辈、先主人后客人、先上级后下级、先女士后男士。

2. 鞠躬礼

鞠躬，意即弯身行礼，是对他人表示敬佩的一种礼节方式。鞠躬时必须立正、脱帽，鞠躬前正视对方，以表尊重的诚意。

3. 致意

致意是一种不出声的问候礼节，常用于相识的人打招呼。在社交场合里，人们往往采用招手致意、欠身致意、脱帽致意等形式来表达友善之意。

（二）大学生的公共礼仪

公共礼仪，具体讲指的就是人们置身于公共场合时，所应遵守的礼仪规范。它是社交礼仪的重要组成部分之一，也是人们在交际应酬之中所应具备的基本素养。人除了个人生活、家庭生活之外，还必不可少地要置身于公共场合，参与社会生活。公共礼仪的基本内容，就是人们在公共场合与他人共处时和睦相处、礼让包容的有关行为规范。

学习、应用公共礼仪，应当掌握好两条基本原则。

1. 遵守社会公德

社会公德，又叫社会公共道德或公德，遵守社会公德，就是要求人们在公共场合活动时，要有公德意识，要自觉、自愿地遵守、履行社会公德。不讲社会公德，遵守公共礼仪将无从谈起。

2. 不妨碍他人

人们置身于公共场合时都应当有意识地检点、约束自己的个人行为，并尽一切可能，自觉防止自己的行为影响、打扰、妨碍到其他任何人。公共礼仪主要有以下几种：

（1）交通礼仪。不论在公共汽车上、火车上、地铁上还是在飞机上，保持安静、排队等候是文明的表现。在车上遇到老弱病残孕及怀抱婴儿的乘客应主动让座，不要抢占座位。应该养成把果皮、果核、烟蒂以及其他垃圾扔进垃圾箱的习惯，需要处理痰、涕的时候，应该用纸先包起来，再扔进垃圾箱，不要扔到车窗外。

（2）饭店进餐。尊重服务员的劳动，对服务员应谦和有礼，当服务员忙不过来时，应耐心等待，不可敲击桌碗或喊叫。对于服务员工作上的失误，要善意提出，不可冷言冷语，加以讽刺。

（3）图书馆、阅览室礼仪。图书馆、阅览室是公共的学习场所。要注意保持卫生整洁，遵守规则。不能穿汗衫和拖鞋入内。就座时，不要为别人预占位置，查阅目录卡片时，不可把卡片翻乱或撕坏，或用笔在卡片上涂抹画线。要保持安静和卫生。走动时脚步要轻，不要高声谈话，不要吃有声或带有果壳的食物，应该注意爱护公共财产。

（4）递物与接物。递物与接物是生活中常用的一种举止。因此，递物时须用双手，表示对对方的尊重。例如递交名片时，双方经介绍相识后，常要互相交换各片。递交名片时，应用双手恭敬地递上，且名片的正面应对着对方。在接受他人名片时也应恭敬地用双手捧接。接过名片后要仔细看一遍或有意识地谈一下名片的内容，不可接过名片后看都不看就塞入口袋，或到处乱扔。

（5）在人多的地方，不可以横冲直撞。如果碰了别人、踩了别人的脚，应该诚恳道歉。同样，如果别人不小心碰了你或踩了你的脚，应该谅解别人。互敬互让，文明用语常挂嘴边，才能避免很多不必要的摩擦。那些因为踩脚、碰人没说句抱歉的话而引发的"战争"，显得既没教养，又很无聊。

（6）路上遇到熟人，应主动打招呼。简短交谈应站在不碍事的路边。如果两个人相距较远需要打招呼，可以挥手示意，或者紧走几步到他附近再喊，不要隔着很远就大喊大叫。

（7）在公共场合，异性之间不可以表现得过分亲昵，否则，既不雅观，又有伤风化。

（8）无论是公共洗手间，还是私人洗手间，都要放水冲洗干净再走，不要添脏添乱。洗手后千万注意不要一边走路一边甩动双手，把水甩到其他人身上。

（三）大学生的电话礼仪

把握时机，尽量不要打扰别人的私人空间和工作时间，电话中要注意谈话内容，找对方擅长、格调高雅、轻松愉快的话题；接打电话时要注意自己的举止，面带微笑，精神状态及声音要有力度，在正式而重要的场合做到不响、不打、不接，如果是转接电话，一定要做好记录，是谁、为什么、在什么地方、什么时候打来的、找什么人等相关信息都要记录清楚，尤其在公共场合，不要大声接打电话。

思考题

1. 什么是人际交往？它有什么特点？
2. 人际交往的功能是什么？
3. 影响人际交往的心理效应包括哪些内容？
4. 当代大学生人际交往有什么特点？
5. 民族预科生在人际交往中应遵循哪些原则？
6. 民族预科生在人际交往中应掌握哪些方法？

第五章

坚定信念，做忠诚的爱国主义者

爱国主义教育是人类历史发展进程中与国俱存的历史现象。爱国主义教育之所以在各个历史时期都受到人们的重视，是因为它能够凝聚国家力量、巩固民族团结，能够推动民族国家奋发图强和不断发展。爱国主义教育又是一种具有最广泛群众基础的教育活动。不管你属于哪个阶级阶层、哪个党派和团体，也不管你身居何位或何处，只要你是国家的一员，都会聚集在爱国主义这面旗帜之下。爱国主义教育是个传统的话题，然而又是个常新的话题，因为爱国主义教育具有时代性这一特征。随着时代的不断发展，对爱国主义教育就需要与时俱进地加以研究，一方面，传承以往爱国主义教育的有益经验；另一方面，又要加以超越，研究其在新的历史时期的新特点，以实现在新的历史时期对其进行开展的实效性，为进一步推动我国经济社会的持续发展和民族振兴大业服务。

第一节　爱国主义概述

爱国是中华民族的传统美德，是鼓舞中国人民团结奋斗的一面旗帜，是推动中华民族不断前进的强大精神动力。爱国主义教育，是与国俱存又与时俱进的历史现象和国际现象，是无人例外又不断深化的全民教育和终身教育。江泽民指出："对全民族和全体人民来说，首先要抓好爱国主义教育。"作为中华儿女，我们要自觉地陶冶爱国之情，树立报国之志，致力报国之行，做坚定的爱国者。

一、爱国主义的含义

（一）爱国主义的定义

爱国主义是人们千百年固定下来的对自己祖国的一种最深厚的感情，反映了个人对祖国的依存关系，是人们对自己故土家园、种族和文化的归属感、认同感、尊严感和荣誉感的统一。它是调节个人与祖国之间关系的道德要求、政治原则和法律规范，也是民族精神的核心。

（二）爱国主义的科学内涵

1. 爱国主义体现了人民群众对自己祖国的深厚感情，反映了个人对祖国的依存关系

每个人来到这个世界，都要在社会中生存，都要获取生存发展的物质条件，都要寻求慰藉心灵的精神家园，这一切首先得之于祖国。没有国哪有家，没有家哪有我——这看似平常的话语，道出了最深刻的爱国理由。爱国的感情主要表现为对自己祖国、民族、人民、山河大地、灿烂历史和优秀文化的热爱，对祖国前途和民族命运的关心，对人民事业的忠诚，以及为了祖国和人民的利益不惜牺牲一切的献身精神。其实质是对自己祖国、民族的崇高社会责任感和历史使命感。

2. 爱国主义反映了对自己国家、民族、文化的认同与归属感，并时刻把个人的尊严和荣誉与祖国的尊严和荣誉统一起来

人与国家是一种天然的血缘关系。你在这个国家出生、成长，国家给了你特定的种族遗传、生活基础、社会关系、价值观念和文化修养。你的身躯、你的精神是国家塑造的。国家民族的个性已经深深地融化在你的血液里。国家的名誉、利益和你的名誉、利益紧紧地连在一起。你与祖国既有了情感上的依存，又有了利益上的一致。无论身处何方，当国家受到欺负或受到侮辱时，要勇于站出来为祖国说话，维护祖国的尊严和声誉，要不断树立民族自尊心。

3. 爱国主义的实质是调节个人与祖国之间关系的重要道德要求、政治原则和法律规范

世界各国的人民都以是否热爱自己的祖国、能否为祖国贡献力量作为尺度，来评价个人、集团、政党、阶级的一切言行，评价一个国家的社会道德状况。因此，热爱祖国的思想和行为，在人类社会生活中具有深刻的道德意义，成为调整个人与国家和民族关系的道德规范。人们把它作为分辨美与丑、是与非，决定赞扬还是唾弃、效法还是惩戒的标准。邓小平曾经指出，"中国人民有自己的民族自尊心和自豪感，以热爱祖国、贡献全部力量建设社会主义祖国为最大光荣，以损害社会主义祖国利益、尊严和荣誉为最大的耻辱。"这是对我国现阶段爱国主义道德规范作用的精辟概括。

爱国主义的政治原则和爱国主义的道德规范有所不同，后者不具有强制性，靠社会舆论、传统习俗以及人们的内在信念来发挥作用，而前者不仅要求人们自觉地执行，还以政党和国家的方针、政策、法律、法令等形式，以政权的行政力量来保证它的实施。我国《宪法》第二章《公民的基本权利和义务》，就包含爱国主义的政治原则。《宪法》第52条规定："中华人民共和国公民有维护国家统一和全国各民族团结的义务。"第54条规定："中华人民共和国公民有维护祖国的安全、荣誉和利益的义务，不得有危害祖国的安全、荣誉、利益的行为。"第55条规定："保卫祖国、抵抗侵略是中华人民共和国每一个公民的神圣职责。"爱国主义政治原则的法律形式，同爱国主义的道德原则相辅相成、互相促进。具有爱国主义内容的宪法、法律条文，不仅从正面积极引导公民履行自己的爱国义务，而且从反面通过对有损害国家利益的行为施行惩罚。

4. 爱国主义是民族精神的核心

爱国主义作为一种凝聚力，使一个民族能够经受住无数历史的、自然的和社会的困难和风险的考验，而一直保持旺盛的生命力。爱国主义对于每个民族来说，还是强大的动员力，每当民族生死存亡关头或振翅高飞的时刻，爱国主义精神都以其强大的动员力，使人民为国家效力。爱国主义作为民族精神的核心，还体现在她为每个民族都培育了一批堪称"民族脊梁"的民族英雄，他们以自己的生命和双肩担负起天下的兴亡。

二、爱国主义的基本要求

"祖国"一词的初始含义都有"祖先的国度"和"父母之邦"的意思。现代意义上祖国的内容比初始含义更加丰富而深广。现代意义上的祖国至少包含三个要素：一是自然要素，指本民族赖以生存的一定区域内的土地、山河、海洋等自然风貌、矿产森林等自然资源所构成的国土；二是社会要素，指由共同的经济生活、语言文化、社会心理和历史传统等纵横交织的社会关系紧密联成一体的人民或国民；三是政治要素，指为了维护社会共同体的秩序、安全、主权和稳定而建立起来的实施阶级统治的强力政治机构——国家。因此，祖国是一个集自然、政治、经济、文化和历史于一体的综合概念，爱故土、爱人民、爱国家是爱国主义最基本的内容。

（一）热爱祖国山河是爱国主义的重要内容

祖国从来就不是一个抽象空洞的概念，这块世代劳动、生息、繁衍、依存的辽阔大地，就是我们生于斯、长于斯的故土家园，故我们对祖国的热爱，就要从热爱这片哺育我们的土地开始。钟情于故土的情感，千百年来得到人们广泛的心理认同。古往今来，无数文人墨客用他们饱含深情的笔墨来表达他们对祖国的热爱，写下无数壮丽的篇章。情系故土是一种强大的精神力量，是我国历代爱国主义一个永恒的话题，它时刻激励着中华儿女的拳拳报国之心。正如毛泽东的《沁园春·雪》所写："江山如此多娇，引无数英雄竞折腰。"异国再好，也不如祖国可爱。这种信念，促使着吴仲华、钱学森等无数华夏骄子放弃异国的优厚条件而坚定地回归故土，报效祖国。

（二）热爱民族文化是爱国主义的思想基础

文化传统作为一个民族群体意识的载体，被称为国家和民族的"胎记"，是一个民族得以延续的"精神基因"，是培养民族个性、民族精神和民族凝聚力的重要基础。"爱国之心，人不可不有。不知本国文字、历史，即不能生爱国之心也。"我国作为一个伟大的文明古国，几千年来，勤劳、智慧、勇敢的中华民族通过各种实践活动，创造了辉煌灿烂的文化，这些不仅对中华民族的发展乃至世界文明的进步产生着巨大而深远的影响，而且是中华民族的爱国主义传统。指南针、造纸术、印刷术和火药的发明，是中华民族对世界科学文化的重大贡献。

（三）热爱人民是爱国主义的集中表现

我们的祖国之所以可爱，不仅因为她幅员辽阔，拥有丰富的物产、山河壮丽，更主要的是因为她拥有世代生长在这片国土上勤劳、善良、勇敢、智慧的各族人民。在这片国土上，各族人民共同创造了祖国悠久的历史、灿烂的文明，使我们的祖国源远流长，繁荣昌盛。爱国必爱民，爱民定爱国，这是爱国主义最基本的含义和集中表现。热爱各族人民，是因为他们创造了祖国统一而悠久的历史；他们以自己的勤劳和聪明才智创造了灿烂的物质文明和精神文明；热爱各族人民，是因为在中国历史上，各族劳动人民的斗争始终是历史发展和社会进步的根本动力。我国各族人民酷爱自由，追求光明，敢于反抗反动势力的革命传统，促进了社会生产力的发展，推动了祖国不断进步。一切真诚的爱国者都是热爱人民的。邓小平曾说过："我是中国人民的儿子，我深情地爱着我的祖国和人民。"

（四）热爱自己的国家是爱国主义的必然政治要求

人们在谈论爱国主义时，容易把国家和祖国当作同等的概念来理解。实际上，这两个概念不完全等同。祖国一般指居住在一定疆域内的单个或多个民族的人民，在一定物质生产的基础上，经过长期共同生活和相互交往，集自然、政治、经济、文化、历史关系于一体的社会共同体。它由祖国河山、同胞、民族文化、国家等基本要素构成。国家是阶级矛盾不可调和的产物，是由统治阶级实施阶级统治的强力政治机构。国家只是祖国这一社会共同体的组成部分之一，不能把两者混同起来，不能误认为爱国家就是爱国主义的全部，而放弃对河山、文化和人民的爱；也不能只讲对河山、文化和人民的爱，而不讲对国家的爱。实际上，爱国家是爱国主义的必然政治要求，是爱国主义不可缺少的重要政治内容。在当代中国，爱国主义首先体现在对社会主义中国的热爱，这是中华人民共和国每个公民必须坚持的立场和态度。

三、不同时期爱国主义的优良传统

（一）中华民族古代的爱国主义

这是指 1840 年鸦片战争以前所表现出的爱国主义思想。中华民族古代的爱国主义传统主要表现为：维护祖国统一和民族团结；反抗阶级压迫、民族压迫和外来侵略，推动和捍卫祖国领土的完整；开发祖国河山，创造灿烂的中华文明。

（二）中华民族近代的爱国主义

1840 年鸦片战争爆发以来，中华民族遭受帝国主义列强的欺凌，面临着深重的民族灾难。受到压迫的中国人，从来就没有屈服过。为了反抗外敌侵略，挽救民族危亡，中国人进行了前仆后继的斗争。中国社会进入近代所表现出的爱国主义思想主要表现为：反对帝国主义侵略，维护民族独立和国家主权；反对封建主义压迫，推翻腐败的封建专制统治。

（三）中华民族当代的爱国主义

中华人民共和国成立以来，党领导中国人民建设有中国特色的社会主义道路，从而把中华民族的爱国主义推进到当代即社会主义时期的爱国主义。当代的爱国主义集中表现为：热爱祖国、矢志不渝；天下兴亡、匹夫有责；维护统一、反对分裂；同仇敌忾、抵御外侮；建设祖国，振兴中华。

第二节　新时期的爱国主义

中华民族是富有爱国主义传统的伟大民族，强烈的爱国主义在中华民族的整个发展过程中扮演着极其重要的作用。它作为中华民族的光荣传统，是中华民族得以代代相传而生生不息的不竭源泉。而在不同的历史时期，爱国主义所蕴含的特殊内容是不同的，也有着不同的性质。当然，作为一种正义的、具有鼓舞作用的精神力量，它始终都是古今一脉相承的。在新的历史条件下，新的历史任务赋予爱国主义新的内涵和意义，也让我们在新的爱国主义精神指导下，开创新的天地。

一、新时期的爱国主义内容

当前我国已进入全面建设社会主义现代化国家时期，爱国主义呈现出以下新的内容：

（一）坚持爱国、爱党、爱社会主义的统一

爱国主义是人民对自己祖国最深厚、最纯洁、最高尚、最神圣的情感。在当代中国，爱国主要表现为献身于中国特色社会主义伟大事业，献身于祖国和平统一大业。爱国与爱党、爱社会主义在本质上是统一的，爱国就要爱中国共产党领导的社会主义中国。

从古至今，中国只有一个。爱祖国，就是爱我们的国家；爱国，就是要热爱生养我们的国土海疆，热爱祖国的悠久历史和灿烂文化；爱国，就是要维护中华各民族大团结的良好局面，坚决维护祖国统一，反对民族分裂，坚持"一国两制"，继续谱写各族人民热爱祖国、团结一心、开拓进取的新篇章；爱祖国，就是要振奋以爱国主义为核心的民族精神，焕发改革创新的时代精神，把一切热爱祖国的力量凝聚起来，为实现中华民族的伟大复兴而努力奋斗。

中国共产党是富有创造精神的党，它与时俱进，始终站在时代前列，它代表中国先进生产力的发展要求、代表中国先进文化的前进方向、代表中国最广大人民的根本利益，是为中华民族的伟大复兴不懈奋斗的党。中国共产党已经走过了103年不平凡的历程，在这103年里，我们党紧紧依靠和紧密团结全国各族人民，创造了不平凡的功绩。在新民主主义革命时期，我们经过28年艰苦卓绝的斗争，推翻了帝国主义、封建主义、官僚资本主义的反动统治，实现了民族独立和人民解放，建立了人民当家做主的中华人民共和国。在社会主义革命和建设时期，我们确立了社会主义基本制度，在一穷二白的基础上建立了独立的、比较完整的工业体系和国民经济体系，使古老的中国以崭新的姿态屹立在世界的东方。在改革开放和社会主义现代化建设时期，我们开创了中国特色社会主义道路，坚持以经济建设为中心、坚持四项基本原则、坚持改革开放，初步建立起社会主义市场经济体制，大幅度提高了我国的综合国力和人民生活水平，为全面建设小康社会、基本实现社会主义现代化开辟了广阔的前景。这三件大事，从根本上改变了中国人民的前途命运，决定了中国历史的发展方向，在世界上产生了深刻而广泛的影响。2020年，我国已全面建成小康社会，当前我国已进入全面建设社会主义现代化国家时期。

前途是光明的，道路是曲折的。虽然东欧剧变、苏联解体使世界社会主义运动遭遇了空前严重的挫折，但纵观世界社会主义运动，中国这边风景独好。中国特色社会主义的形成和发展又为科学社会主义理论的发展和实践贡献了最宝贵的成果。无论社会主义在其发展历程中会经历怎样的风险与挑战，社会主义都是真正代表全人类平等、公正、进步、文明的崭新的社会制度，是具有无限生命力的新事物，是人类社会发展的必然趋势，值得一代又一代先进的人们去坚持，去为之奋斗。

（二）坚持社会主义核心价值体系与中国特色社会主义道路的统一

马克思主义指导思想、中国特色社会主义共同理想、以爱国主义为核心的民族精神和以

改革创新为核心的时代精神、社会主义荣辱观，构成社会主义核心价值体系的基本内容。这些都是我国社会主义意识形态中最重要的部分，也是我国社会主义制度的思想根基，任何时候都不能有丝毫动摇。社会主义核心价值体系四个方面的内容，相互联系、相互贯通、相互促进，是一个有机统一的整体。割裂它们之间的联系，忽视任何一方面的建设，都是十分有害的。

社会主义核心价值体系是社会主义制度在价值层面的本质规定，它反映了我国社会主义基本制度的本质要求，为中国特色社会主义的发展和完善提供了思想根基，是我国社会主义制度的内在精神之魂。坚持社会主义制度必须坚持社会主义核心价值体系，二者在本质上是统一的。

社会主义核心价值体系是构建社会主义和谐社会的思想基础。党的十六届六中全会通过的《中共中央关于构建社会主义和谐社会若干重大问题的决定》提出，要建设社会主义核心价值体系。这是我们党以邓小平理论和"三个代表"重要思想为指导、全面贯彻落实科学发展观、深刻总结历史经验、针对我国改革开放和社会主义现代化建设实际而提出的一项重大战略任务。党的十六大以来，以胡锦涛同志为总书记的党中央，针对新形势新任务，坚持我们党在社会主义价值体系建设方面的经验，科学分析我国社会思想道德建设的新情况，第一次提出建设社会主义核心价值体系这一重大命题，抓住了社会主义意识形态建设的关键，体现了社会主义先进文化的前进方向。

道路问题至关重要，它关系到一个国家、一个民族、一个政党的兴衰存亡。中国要发展，要实现中华民族伟大复兴，就必须走一条从中国实际出发、适合中国国情的发展之路。走中国特色社会主义道路，是历史发展的必然，是人民的选择。中国特色社会主义道路是引领当代中国发展的正确道路，是实现中华民族伟大复兴的中国特色社会主义道路，是在中国共产党领导下，立足基本国情，以经济建设为中心，坚持四项基本原则，坚持改革开放，解放和发展社会生产力，巩固和完善社会主义制度，建设社会主义市场经济、社会主义民主政治、社会主义先进文化、社会主义和谐社会，建设富强民主文明和谐的社会主义现代化国家。

党的十七大报告指出，中国特色社会主义道路之所以完全正确、之所以能够引领中国发展进步，关键在于我们既坚持了科学社会主义的基本原则，又根据我国实际和时代特征赋予其鲜明的中国特色。高举中国特色社会主义伟大旗帜，最根本的就是要坚持中国特色社会主义道路和中国特色社会主义理论体系。新世纪新阶段，我们面临的机遇前所未有，面对的挑战也前所未有。我们只有清醒认识当今世界和当代中国发展的大势，毫不动摇地坚持中国特色社会主义道路，才能实现民族振兴、国家富强、人民幸福、社会和谐。

党的十九大提出，中国特色社会主义进入新时代，意味着近代以来久经磨难的中华民族迎来了从站起来、富起来到强起来的伟大飞跃，迎来了实现中华民族伟大复兴的光明前景，意味着科学社会主义在 21 世纪的中国焕发出强大生机活力，意味着中国特色社会主义道路得到不断发展。

党的二十大提出我国社会主义现代化建设深入推进，书写了经济快速发展和社会长期稳定两大奇迹新篇章，实现中华民族伟大复兴进入了不可逆转的历史进程，坚持中国特色社会主义道路，做到道不变、志不改，既不走封闭僵化的老路，也不走改旗易帜的邪路，坚持把中国发展进步的命运牢牢掌握在自己手中。今天，我们比历史上任何时期都更接近、更有信心和能力实现中华民族伟大复兴的目标。

（三）爱国主义与国际主义相一致

毛泽东同志指出："中国共产党必须将爱国主义和国际主义结合起来，我们是国际主义者，我们又是爱国主义者。"强调爱国主义，既要反对闭关自守的民族排外主义，又要反对崇洋媚外的民族虚无主义。如今，经济全球化作为势不可当的时代潮流，极大地促进了世界经济快速发展，加深了世界各国在政治、经济、文化等各领域之间的交流与合作。因此全球意识或者国际意识逐渐为世人所关注，新时期的爱国主义呈现出与国际主义相一致的特点。这一特点决定了新时期对大学生进行爱国主义教育就是要让他们理解和尊重世界各国、各民族的历史文化传统，学习吸收人类创造的优秀文明成果，学会从国际的视野去理解本国的历史发展状况，树立面向未来和世界的国际意识。

（四）爱国和坚持改革开放、振兴中华相统一

爱国主义者的理想是民富国强，使自己的祖国更加兴旺发达、文明进步。但在不同的历史时期，具体的奋斗目标和斗争内容又有所不同。比如，在我国近代史上，爱国主义者的奋斗目标是"拯救中华"，斗争内容主要是反对帝国主义侵略和国内的封建统治，在政治上夺取政权和获取国家独立，在经济上摆脱帝国主义和封建主义的压榨和控制，求得自由和发展。而在无产阶级掌握政权的今天，坚持社会主义道路、坚持改革开放、振兴中华就成为爱国主义思想最鲜明的时代特征。在当代中国，建设有中国特色的社会主义是新时期爱国主义的主题；改革开放、发展社会主义市场经济，是一项造福人民的空前伟业。如果说，对中华民族的悠久历史、灿烂文化、秀丽山川的自豪和钟情，足以激发华夏儿女的爱国热情，那么对中国国情和现行制度的深刻理解与认同，则更能够凝聚人心，铸造民魂。

当今世界，列强林立、以强凌弱、以富欺穷的霸权主义行径并未改变。要维护中华民族的独立主权和民族尊严，必须改变祖国贫穷落后的面貌。中国要富强，除了改革开放、发展经济、增强国力，别无出路。因此我们应该牢记历史教训，抓住机遇，争取时间，集中精力，埋头苦干，促进经济和社会的全面发展，为中华民族振兴和腾飞打下坚实的物质基础。

（五）爱国和关注祖国的前途和命运相一致

不论你是以何种方式表达你的爱国之情，都应该心存对祖国的关切和忧患，这是每一个中华儿女爱国种子中必备的胚芽。不论我们身处何地，我们都应当时刻关注祖国的前途和命运。因为，祖国的每一寸土地、每一棵草木、每一页历史、每一次沉浮，均与你我的每一步成长息息相关。

许多远在异国他乡的海外华人、爱国侨胞、海内外一切热血的中华儿女，时刻心系祖国和民族的前途命运。正是为了祖国的富强、民族的振兴，他们通过无私地奉献自己的聪明才智或者慷慨捐助来为祖国的建设贡献自己的力量，这种爱国行动所表现出来的凝聚力也是非常强大的。如著名科学家杨振宁曾说："我个人的道德观念和作风，是受到东方传统的影响，因为我是在中国社会长大的。我在美国已住了 40 多年，对西方的做人方法有了了解并受到影响，但是，处世做人，仍旧是以我在成长过程中获得的价值观念为出发点。对我来说，因为通过对另一个传统（西方传统）的了解，使我对自己的传统又增加了深一层的

认识。"

（六）自觉维护社会秩序与遵纪守法相统一

每个人都是一定社会中的人，任何人都不能脱离社会而孤立存在。这是人类生存的基本法则。而良好的社会秩序又是保障我们每个人生存和发展的基本要素。很难想象，在一个秩序混乱的社会里，人们怎能过上正常的生活。更严重的是，混乱的社会秩序将直接破坏社会的生产和发展，将直接影响国家的建设和发展。可以说，社会秩序良好与否，直接关系着社会主义现代化事业的成败，决定着国家的兴衰。因此，我们必须将维护良好的社会秩序提到关乎国家前途和命运的高度来看待。

一般来说，我们总是将祖国放到世界大背景下来谈爱国，因此，抗击外侮、保卫祖国每一寸领土的完整和主权的独立、维护祖国的尊严、捍卫民族的利益便成为此时爱国的主要特色。然而，我们不能忽视爱国的另一重要内容，那就是自觉维护社会秩序。对外患我们要消除，同时对内乱我们也不能掉以轻心，而且最重要的是要从我们每个人的自身做起，首先不给国家和社会添乱子，不制造任何不安定因素。也就是说，作为中华人民共和国公民，我们首先要知法守法，自觉维护社会秩序。

《公民道德建设实施纲要》中明确提出了"守法"这一道德规范，具有极其重要的意义。应该说，公民爱国的最基本的体现，或者说对国家应尽义务和责任的底线就是守法。对于一个公民来说，遵守国家的法律法规，就是对国家最起码的尊重和爱。如果一个人连国家的法律都不放在眼里，那么也就根本谈不上对祖国的爱了。对于一切违法犯罪行为，对于任何破坏社会秩序的行为，我们都应当给予坚决的抨击和抵制。

（七）爱护环境与热爱祖国河山相统一

自然环境是我们人类生存和发展的基本条件之一。我们每个人不能离开社会而存在，这是人所共知的。同时，我们更不能脱离生存之所——环境而存在。几千年来，我们勤劳勇敢的中华儿女们靠着自己的智慧和力量开发建设了祖国的美好河山，这既是一笔有形的物质财富，也是一份无形的精神财富。我们经常以祖国拥有大好河山而自豪，这无疑是一种爱国之情的抒发和民族自豪感的流露。

然而，近些年来，破坏环境的现象比较严重，很显然这是与爱国的主题格格不入的，对此我们应当坚决制止和反对。环境的恶化，不仅意味着我们的生存场所遭到破坏，而且也给国家的建设和发展带来诸多不利。所以说，爱护环境也是爱国的一项很重要的内容。爱护环境，人人有责。我们应当从自身做起、从每一天做起、从每一件小事做起，坚决杜绝任何破坏环境的行为，通过各种有益的活动保护好环境，保护好我们共同的家园，以便为祖国的建设和发展提供良好的环境基础。

今天，先辈们已经将祖国的前途托付给我们，我们应以怎样的姿态去建设祖国，的确是我们每个人都应该认真思考的课题。祖国的历史，我们不应该忘记；祖国的今天，我们应该倍加珍惜；祖国的明天，我们更应该用自己的双手去托起，我们应该有这样的历史责任感和使命感。

二、新时期爱国主义的时代意义

在新的历史时期，我们坚持爱国主义有着重要的时代意义。

（一）弘扬爱国主义是继续推进现代化建设事业的需要

党在社会主义初级阶段的基本路线是：领导和团结全国各族人民，以经济建设为中心，坚持四项基本原则，坚持改革开放，自力更生，艰苦奋斗，为把我国建设成为富强、民主、文明的社会主义现代化国家而奋斗。要实现人民的自力更生，艰苦奋斗，必须不断增强凝聚力。从实际来看，爱国主义是团结人们共同奋斗的一面伟大的旗帜。在我国向实现现代化的第三步战略目标迈进的过程中，面临着严峻的挑战，面临着更艰巨的任务，迫切需要用爱国主义的旗帜来凝聚人心，鼓舞干劲。

（二）弘扬爱国主义是实施人才战略的需要

经济的竞争与发展归根结底取决于人才的培养和使用，一个国家、一个地区皆然。中国并不是没有人才，中华民族是个智慧的民族，是个人才辈出的民族。但人才的流失现象非常严重。名牌大学的学生往往都想出国，特别是许多高才生出国后成了博士、博士后，外国通过高薪等优厚的物质待遇轻而易举地就将他们留在本国为其服务，等于说中国辛辛苦苦进行教育的结果，却是为他人作嫁衣。中国出国留学的人员，学成后能回国效力的不到一半。为了吸引人才、留住人才，必须实施人才战略。在现阶段，一方面，要通过改善物质待遇的方式来留住人才，但仅有此是不够的；另一方面，还要借助爱国主义的旗帜来实现团结人才的目的。

（三）弘扬爱国主义是改革开放顺利发展的需要

改革开放的观念已深入人心，但在改革开放中往往易出现崇洋媚外、民族虚无主义的倾向，这种倾向是十分有害的，爱国主义是抵制这一倾向的有力武器。

（四）弘扬爱国主义是保持民族团结、促进祖国统一的需要

我国的统一问题只有一个。我国政府的原则立场是：世界上只有一个中国，台湾是中国的一部分。所以，弘扬爱国主义是保持民族团结、促进祖国统一的需要。

三、经济全球化形势下要弘扬爱国主义

进入 20 世纪 90 年代以来，科学技术的飞速发展、世界经济联系的日趋紧密，日益缩小了各国之间、各民族之间在地域、文化等各方面的距离。经济全球化席卷了每一个国家和民族。尽管如此，一个基本的事实并没有改变，那就是当今世界文明的发展，依然是建立在各个民族国家发展进步的基础之上的。经济全球化绝不意味着国家利益、民族利益的淡化。恰恰相反，经济全球化更加加剧了各国、各民族之间在世界经济体系的资源配置与财富分配中的矛盾与竞争。因而，置身于经济全球化进程中的中国在激烈的国际竞争中，必须以国家和民族的根本利益为出发点，必须在爱国主义的旗帜下形成强大的民族凝聚力，振兴民族经济，才能真正使中华民族屹立于世界强国之林。

对于当代大学生来说，在如何把握经济全球化趋势与爱国主义的相互关系的问题上，需要着重树立这样一些观念。

（一）人有地域和信仰的不同，但报效祖国之心不应有差别

在经济全球化背景下，无论你是生活在国内还是在国外，无论你的政治立场和宗教信仰

如何，也无论你在何种所有制企业中工作，作为中华儿女，都可以以自己的方式来报效祖国。

（二）科学没有国界，但科学家有祖国

科学是人类智慧的结晶，是属于全人类的财富，理应为全人类服务。科学无国界，但科学化事业的发展和科学家的命运都与自己的祖国有着密切的关系；科学知识是无国界的，但科学知识的运用却不可能离开具体的国家。钱学森是功勋卓著的科学家，又是心系祖国母亲的赤子。科学家对国家的繁荣富强担负着重大的责任。

（三）在经济全球化过程中要始终维护国家的主权和尊严

在经济全球化背景下，西方一些人极力鼓吹政治一体化和文化一体化。这是别有用心的，实际上是企图借经济全球化，推行西方的政治制度和价值观念，损害别国的主权和尊严。因此，大学生在参与经济全球化的过程中，一定要保持清醒的认识，坚决维护国家的主权。

四、保持健康向上的民族心态

（一）反对闭关自守的民族排外主义

所谓闭关自守的民族排外主义，实际就是夜郎自大、盲目排外的狭隘民族主义和狭隘爱国主义的一种思想表现。这种思想认为，凡是自己国家或本民族流传下来的历史传统或文化遗产，都是好的，都应予以继承和保留；凡是外国或其他民族的历史传统或文化遗产，都是差的，都应予以抵制和排斥。这种人习惯因循守旧，不思进取，不愿接受新的事物，拒绝向外国学习，把向外国学习同民族自尊绝对地对立起来，不懂得任何国家和民族在政治、经济、文化和艺术等方面都有长处可供自己汲取和学习，自己也有短处需要克服和抛弃；不懂得我们在建设有中国特色的社会主义现代化事业中，需要扩大对外经济合作和文化交往，取他人之长，补自己之短，这样才能加快我国改革开放和现代化建设的步伐。在我国历史上，唐朝是中华民族文化的全盛时期，也是中华民族最敢吸收外国优秀文化、丰富自己民族文化的时期。我国近代史上的民族英雄林则徐，是坚决反对英国殖民主义者"鸦片贸易"的第一人，也是当时中国冲破闭关自守意识，体察外国情况，虚心向外国学习的中国人。正因为如此，我国历史学家把他称为"晚清时代睁眼看世界的第一人"。我们要发扬中华民族的爱国主义传统，就要坚决反对闭关自守的民族排外主义的错误思想。

（二）反对崇洋媚外的民族虚无主义

所谓崇洋媚外的民族虚无主义，就是一种妄自菲薄、主张全盘西化的错误思想意识。这种思想意识认为，凡是外国的东西都是好的，可以不分精华和糟粕地兼收并蓄；凡是中华民族的东西都是差的，都可以统统予以抛弃。在他们看来，甚至外国的月亮都比中国的圆，外国的渣滓都可当成宝。这是因为资产阶级思想文化的腐朽侵袭使得一些人的思想发生混乱，我们要坚决反对这种崇洋媚外的错误倾向，加强社会主义的爱国主义教育，树立中华民族的自尊心、自信心和自豪感。

（三）保持健康向上的民族心态，在改革开放中继承和弘扬爱国主义

中华民族是具有五千年历史文明的古老民族，也是以勤劳勇敢、富有创造精神而著称于

世的伟大民族。千百年来，中华民族长期培养和形成的爱国主义优良传统，一直激励、鼓舞着中华民族的优秀儿女为祖国的统一、民族的团结和国家的繁荣和昌盛而英勇战斗和献身。今天，我们在全面建设社会主义现代化国家的新时期，要弘扬中华民族的爱国主义精神，就必须在树立民族自尊心、民族自信心和民族自豪感的基础上，保持健康向上的民族心态，在反对崇洋媚外、全盘西化的民族虚无主义的同时，正确对待祖国的历史文化遗产，坚持取其精华、去其糟粕的原则，贯彻"古为今用""推陈出新"的方针。在反对闭关自守、盲目排外的狭隘民族主义和狭隘爱国主义的同时，一方面要教育人们热爱自己的国家和民族，尊重其他国家和民族，在平等互利、友好合作的基础上，同世界各国人民建立真诚的友谊。另一方面要正确对待当代资本主义的经济、科学和文化，善于学习外国先进的科学技术和管理，贯彻"洋为中用"的方针。同时还要把无产阶级的爱国主义和无产阶级的国际主义结合起来，在国际共产主义运动中，同世界无产阶级一道团结战斗，共同为人类的解放事业作出自己应有的贡献。

第三节 践行爱国主义，做坚定的爱国者

一、弘扬民族精神

民族精神，是指一个民族在长期共同生活和社会实践中形成的，为本民族大多数成员所认同的价值取向、思维方式、道德规范、精神气质的总和。民族精神集中地反映了一个民族的精神风貌，是一个民族赖以生存和发展的精神支柱。在五千多年的发展中，中华民族形成了以爱国主义为核心的团结统一、爱好和平、勤劳勇敢、自强不息的伟大民族精神。

（一）中华民族精神的内涵

1. 爱国主义是中华民族精神的核心

在中华民族五千多年的发展中，爱国主义始终发挥着民族精神的核心作用，不仅创造了举世闻名的灿烂文明，而且渡过了一个个使民族濒临危亡的历史关头。正是出于对祖国的热爱、对祖国主权和利益的捍卫，我们才有今天繁荣稳定的局面。

2. 团结统一

团结统一植根于中华大地，深深地印在中国人的民族意识中，是中华民族的立身之本。在漫长的历史中，中国的主体一直是一个统一的多民族国家，虽有分合离乱，但统一的时期远远多于分裂的时期，其根本的原因就在于中华民族具有高度一致的整体感、责任感和忠实于国家民族整体利益的价值取向，以及各个民族之间和睦相处、友好共处、共渡难关的优良传统。

3. 爱好和平

几千年来，中国人始终重视"与人为善""推己及人"，建立和谐友爱的人际关系。始终重视"亲仁善邻、协和万邦"，形成平等相待、互相尊重的睦邻友好关系。"和"的思想不仅深深地融入中华民族的血脉里，而且得到了世界上许多民族的尊重和赞同。热爱和平是中华民族精神的崇高体现。不管是过去还是现在，中国人民都秉承了这种精神，正因为如

此，中华民族在世界上享有"和平的民族"之誉，中国人民享有"和平的使者"之称。

4. 勤劳勇敢

勤劳勇敢是中华民族的优良品格。中国人民历来视勤劳为安身立命之本，强调"民生在勤，勤则不匮"，同时又主张勇往直前。正是这种勤劳勇敢的创业精神和传统美德，夯实了中华民族绵绵不绝的生存根基。在几千年的发展中，她以繁荣的经济、灿烂的文化艺术和光辉的科学技术成就自立于世界民族之林，形成了自己丰富独特的民族文化传统。今天我们倡导这种精神，就是要充分调动全体人民的积极性、主动性和创造性，艰苦奋斗，开拓创新，再造辉煌。

5. 自强不息

作为中华民族精神的重要内涵，自强不息具体体现为刚毅的品质、不屈不挠的精神和与日俱进的精神。中华民族能在五千多年的历史进程中历经挫折而不屈，屡经坎坷而不妥协，体现了中华民族进取的精神境界，激励着一代代中国人发愤进取，不懈奋斗。

（二）大力弘扬和培育民族精神

青年大学生要践行爱国主义，必须弘扬和培育民族精神，既要弘扬中国古代的民族精神，更要大力弘扬和培育近代以来中国人民在争取民族独立和人民解放、实现国家富强和人民共同富裕的历史进程中形成的伟大的民族精神。弘扬和培育民族精神，要立足中国特色社会主义建设事业的伟大实践，反映社会主义初级阶段的基本特征，反映建立社会主义市场经济体制的现实需要，反映发展社会主义先进文化的前进方向。这里需要注意的是，我们所提倡的民族精神，绝不等于狭隘的民族利己主义，而包含了无产阶级国际主义的内容。

二、弘扬时代精神

我们所强调的时代精神，是在新的历史条件下形成和发展的，是体现民族特质、顺应时代潮流的思想观念、行为方式、价值取向、精神风貌和社会风尚的总和。在新的历史条件下，要大力弘扬以改革创新为核心的时代精神。

（一）时代精神的内涵

时代精神的内涵十分丰富，其中改革创新居于核心地位。时代精神，是一个民族进步的精神动力。中国革命和建设的每一次胜利，都与其形成的时代精神密切相关，在奋斗的各个历史时期，先后形成了井冈山精神、延安精神、雷锋精神、焦裕禄精神、孔繁森精神、"两弹一星"精神、航天精神等一系列闪烁着时代光芒的伟大精神，影响和激励着一代代中国人，深刻地改变了一个个时代的面貌。

党的十三届四中全会以来，随着现代化建设的加速进行，江泽民同志明确提出：要在全社会大力倡导解放思想、实事求是的精神，紧跟时代、勇于创新的精神，知难而进、一往无前的精神，艰苦奋斗、务求实效的精神，淡泊名利、无私奉献的精神。这就是一个民族凝聚而成的时代精神。

（二）弘扬以改革创新为核心的时代精神

践行爱国主义还应当弘扬以改革创新为核心的时代精神，必须大力推进理论创新、制度创新、科技创新、文化创新以及其他各方面的创新。在实践基础上的理论创新是社会发展和变革的先导。要使我们的事业不停顿，首先理论上不能停顿。制度创新是其他一切创新的重要保障。科技创新能力是国家竞争力的核心。大力推进文化创新是繁荣发展社会主义先进文化的需要。弘扬以改革创新为核心的时代精神，要自觉投身于改革创新的伟大实践中。弘扬改革创新的时代精神，必须培养一大批具有创新精神的人才。要在全社会形成尊重人才、吸引人才、用好人才的制度环境、文化环境和舆论环境，努力为培养创新型人才营造良好的社会氛围。

三、维护民族团结、促进祖国统一

维护民族团结、促进祖国统一，是新时期爱国主义的重要内容和要求。毛泽东同志曾经指出："国家的统一、人民的团结、国内各民族的团结，这是我们的事业必定要胜利的基本保证。"我国是个多民族的国家，自秦始皇统一中国以来，伟大的中华民族就一直保持着统一的历史。中华人民共和国成立后，各族人民第一次真正成为国家的主人。因此，在中国共产党的领导下，在建设有中国特色社会主义现代化的伟大事业中，维护民族团结，促进祖国统一，这不仅是每个中国人的职责和义务，也是每个中国人正确处理个人与民族、个人与国家、民族与民族、民族与国家之间关系的主要衡量标准。当前，我们正在进行的改革开放和现代化建设事业，需要一个安定团结的政治局面，这是中华民族振兴国家事业取得胜利的重要保证。因此，一个真正的爱国者，在民族团结和祖国统一的大是大非上，应始终以祖国和民族的根本利益为前提，坚决反对一切损害民族团结和祖国统一的错误言行，实现和维护国家的统一。新世纪的大学生，作为社会主义现代化事业的建设者和接班人，更应在思想和行动上自觉维护国家和民族的根本利益。

四、以振兴中华为己任，以实际行动报效祖国

爱国不应停留在口头上。青年大学生应从以下几个方面入手，将自己的爱国情感升华为自己的爱国行为：

（一）要牢记祖国的历史，树立国家主人翁意识

爱我中华，必须知我中华。我们祖国的历史是多么悠久，文化是多么灿烂，科技成就是多么令人自豪。没有昨天的古代文化，也就没有今天的现代文明。一个国家的伟大可爱，不仅因为她山河的壮美、物产的丰富，更重要的是因为她文化的灿烂。历史记载了中华民族光辉的过去，反映了我们祖先与大自然搏斗的胜利成果。经常翻翻它，可以增强我们的民族自豪感，增强创造美好未来的信心。我们既要为中华民族的悠久历史和灿烂文化而自豪，又要为近代中国科技文化的落伍而感到痛心疾首，从而转化为奋发图强、振兴中华的动力。青年大学生是社会主义事业的建设者和接班人，只有树立起国家主人翁意识，才能自觉承担起建设祖国、振兴中华的历史责任。

（二）热爱故土山河，爱惜祖国宝贵的资源

我们的国家是个热土有 960 多万平方公里的文明古国，自然资源丰富，但因人口众多，人均占有资源相对不足，我们应树立环保意识和可持续发展意识，爱惜祖国的一草一木。另

外，对中国的国情，我们也要全面地认识，既要从了解祖国的锦绣河山中激发热爱之情，也要从认识我国自然条件的某些不足之处增强忧患意识，增强环保意识，合理利用国土资源。

（三）努力学习，掌握报效祖国的过硬本领

一个国家要想昂首屹立于世界民族之林而不受欺侮，必须有强大的综合国力作后盾。虽然我国的经济有了很大的发展，但和西方发达国家相比，还有一定的差距。我们应奋起直追赶超世界先进水平。大学生是科学技术预备人，是社会主义事业的接班人，要为振兴中华而读书。当今世界，各国的竞争归根到底是人才的竞争。目前我们国家建设都急需高素质的人才，作为 21 世纪社会主义事业接班人的当代大学生，要时刻牢记落后就要挨打的教训，要把满腔的爱国热情化为报国之行，最根本的就是要奋发努力，扎扎实实地搞好自己的学习，立志成才，报效祖国。

（四）积极投身社会实践

投身建设有中国特色社会主义的伟大实践，是青年大学生实现报国之志、成长为真正的爱国者的必由之路。把爱国思想转化为爱国行动，这是做一个真诚爱国者的重要标志。

思考题

1. 新时期爱国主义的基本内容有哪些？
2. 经济全球化形势下怎样弘扬爱国主义？
3. 做一个忠诚的爱国者需要在哪些方面作出努力？
4. 什么是国家安全？维护国家安全的重要意义是什么？

参 考 文 献

［1］成媛 . 思想政治教育学原理 ［M］. 上海：上海中医药大学出版社，2007.

［2］孙其昂 . 思想政治教育学基本原理 ［M］. 南京：河海大学出版社，2004.

［3］王勤 . 思想政治教育学新论 ［M］. 杭州：浙江大学出版社，2004.

［4］中国高等教育学会保卫学专业委员会 . 大学生安全教程 ［M］. 武汉：武汉大学出版社，2010.

［5］姚伟，李先健 . 大学生安全教程 ［M］. 南昌：江西高校出版社，2006.

［6］于长湖，间振华 . 大学生就业创业与职业生涯规划 ［M］. 北京：中国经济出版社，2010.

［7］刘淑艳，梁旭光 . 职业生涯选择 ［M］. 北京：北京工业大学出版社，2009.

［8］李菁华 . 大学生职业生涯规划 ［M］. 北京：对外经济贸易大学出版社，2013.

［9］胡建宏，刘雪梅 . 大学生职业生涯规划 ［M］. 北京：中国宇航出版社，2007.

［10］刘尧 . 中国高等教育发展历史述评 ［J］. 南阳师范学院学报（社会科学版），2009，（02）.

［11］刘向信 . 漫议我国高等教育发展的六个趋势 ［J］. 中国高等教育，2009（22）.

［12］刘雅静，孙世明 . 高等教育理论与实践 ［M］. 济南：山东大学出版社，2005.

［13］王建 . 浅析大学预科教育 ［J］. 赤峰学院学报（汉文哲学社会科学版），2008（06）.

［14］教育部普通高等学校少数民族预科教材编写委员会 . 大学预科生入学教育 ［M］. 北京：红旗出版社，2006.

［15］孙红英 . 论衡量大学生心理健康的标准 ［J］. 理论探讨，2010（05）.

［16］徐庆群 . 当代大学生的心理特征及思想政治教育方法的革新 ［J］. 中共济南市委党校学报，2005（02）.

［17］欧阳鹏飞 . 新形势下大学生心理健康教育有效途径探析 ［J］. 江西理工大学学报，2009（04）.

［18］樊常宝 . 广西民族预科生的心理问题与教育对策 ［J］. 广西教育（高教版），2011（11）.

［19］吴继霞，黄辛隐 . 大学生心理健康学 ［M］. 上海：学林出版社，2007.

［20］余琳主 . 大学生心理健康 ［M］. 武汉：武汉大学出版社，2007.

［21］赵国样 . 现代大学生心理健康教程 ［M］. 北京：人民教育出版社，2007.

［22］吉红，土志峰 . 大学生心理健康与调适 ［M］. 北京：中央编译出版社，2006.

［23］戴朝护．大学生心理健康［M］.北京：北京大学出版社，2011.

［24］敖凌航，张少平．大学生心理健康［M］.武汉：武汉大学出版社，2011.

［25］营鸣歧．应用心理学［M］.北京：经济科学出版社，2002.

［26］陈宗贵．思想道德修养［M］.北京：中国矿业大学出版社，2005.

［27］何安明．当代大学生人际交往的特点及存在的心理障碍解析［J］.河北职业技术学院学报，2007（01）.

［28］黄希庭．心理学与人生［M］.广州：经商大学出版社，2005.

［29］黄希庭，郑勇，等．当代中国大学生心理特点与教育［M］.上海：上海教育出版社，1999.

［30］郑日昌．大学生心理［M］.济南：山东教育出版社，1999.

［31］张厚粲．大学心理学［M］.北京：北京大学出版社，2001.

［32］章志光，赵玲．大学生心理健康教育［M］.北京：科学出版社，2003.

［33］章志光．社会心理学［M］.北京：人民教育出版社，1996.

［34］王苏、汪安圣．认知心理学［M］.北京：北京大学出版社，1992.

［35］李荣健，宋和平．社交礼仪［M］.武汉：武汉大学出版社，2005.

［36］王俊生．大学生人际交往搭建成功的桥梁［M］.北京：北京邮电大学出版社，2012.

［37］张克俭．大学生人际交往［M］.南京：河海大学出版社，1990.

［38］胡锦涛．发扬伟大的爱国主义精神为建设有中国特色社会主义努力奋斗——在五四运动八十周年纪念大会上的讲话［N］.人民日报，1999年5月5日.

［39］中共中央．爱国主义实施纲要［M］.北京：人民出版社，1994.

［40］潘龙海，等．中华民族爱国主义通论［M］.延边：延边大学出版社，1987.

［41］齐振海，等．爱国主义教育概论［M］.北京：北京师范大学出版社，1985.

［42］王良忱，等．中国国情教育概要［M］.北京：时事出版社，2001.

［43］郭松江．论爱国主义与新的时代特征的融合［J］.湖北社会科学，2004（02）.

［44］本书编写组．全面建设小康社会十讲［M］.北京：人民出版社，2002.

［45］张万年．当代世界军事与中国国防［M］.北京：军事科学出版社，1999.

［46］杨阳．大学生国防教育［M］.北京：高等教育出版社，2005.

［47］国防教育教材编写委员会．国防教育［M］.北京：机械工业出版社，2002.

［48］国防大学军训办公室．高校军训手册［M］.北京：中央民族大学出版社，2000.